極上のひとり旅

山口由美

GENTOSHA

はじめに

「旅をするなら、ひとり旅」――これは常々、私が感じていることである。

みなさんは、ひとり旅にどんな印象を持っているだろうか。

特別な理由がある人がするものだとか、家族や親しい友人がいない人がするものだと思い込んでいて、**ひとり旅に出ることに二の足を踏んでいるとしたら、人生でこれほどもったいないことはない。**

旅の計画を立てるときに一番苦労するのは、同行者とスケジュールをすりあわせることだと思う。もちろんそれ自体が楽しかったりもするのだが、自分の都合がよい時期、行き先のベストシーズン、もしくはお得な時期と同行者の予定があわなくて、泣く泣く相手にあわせたり、旅の計画そのものが流れてしまった、という経験もあるだろう。

仲よしの友人や気のおけない家族、パートナーとの旅は、もちろん楽しいけれど、おしゃべりに夢中になってしまい、旅先の記憶がいまひとつあいまいになることも多い。行き先だって、親しい相手や家族と好みがあわないことも多い。

そうした旅の欲求不満をすべて解決する旅のかたち、それこそがひとり旅なのである。

大人になればなるほど、いろいろな意味で自分のライフスタイルが確立する。起床時間や就寝時間、日々のルーティンなどの生活サイクル、日常の食生活、健康状態や体力、何を優先したいかという趣味嗜好。そして、何にどのくらいお金をかけたいか、かけられるかというお財布事情。お互いに忖度《そんたく》する条件が増えるぶんだけ、同行者のいる旅は、不自由になる。


宿泊料金が割高になるとか、話し相手がいないとか、ひとり旅のデメリットはもちろんある。それでも、**ひとりの気ままな旅のほうが、同行者のいる旅行よりも快適だと気づいたとき、おそらく、ひとり旅の虜《とりこ》になる。**そして私も、そのひとりだ。

ひとり旅デビューをするきっかけで多いのは、旅のパートナーがいない、もしくはいなくなった場合だろう。

相手とスケジュールがあわなくなった、何らかの理由で旅に行けなくなってしまったとき、自分も含めてキャンセルするのか、決断に迫られる。そんなとき、思い切ってひとりで出かけてみたら、ひとり旅の楽しさにはまってしまった、という声はよく聞く。

私の場合は、気がつけば、いつもひとり旅をしていた。

取材旅行などで、必然的にひとりで行かなければならないことも多かったが、積極的にひとり旅をするようになったのは、旅を重ねるうちに、それが最も快適な旅のかたちであることに気づいたからだ。

どこに行くか、何を食べるか、何を見るか、ひとつひとつを自分だけで決められる。その自由気ままさは、一度味わうと、もう手放せない。

宿泊する部屋をひとりで使う開放感と贅沢《ぜいたく》も、一度体験すると癖《くせ》になる。昨今、〝おひとりさまホテルステイ〟が人気な理由でもある。

同行者がいないからこそ、非日常の景色、初めて出会う人々、見たことのない何か、これまで通りすぎてしまったようなものが目に入り、好奇心をかき立てられる。

自分の世界がぐんぐん広がっていく感じは、なんとも言えずにわくわくする。それこそが、旅の神髄《しんずい》だと考えている。

最近、特にコロナ禍《か》を経て、「いつか行きたいところには、いつかではなく、今行こう」と考えるようになった。同行者を探していては、行きたいところには、なかなか行けない。人生の残り時間を意識するようになったなら、それもまた、ひとり旅デビューの好機なのだと思う。

そして何より、ひとり旅には人生を変える力がある。私自身、ひとり旅をするたびに、新しい人生が拓《ひら》かれていった気がする。

最初のひとり旅に踏み出すには、勇気がいるかもしれない。

本書では、ひとり旅歴40年になる私が、これまでの経験から国内外選《え》りすぐりのひとり旅に向く目的地や宿泊先、ひとり旅をより楽しむ方法を紹介している。

定番の観光地ではない、ちょっと穴場の行き先が、実はひとり旅向きだったりもする。本書が、自分にとっての「極上のひとり旅」を見つけるきっかけになれば幸いである。

２０２５年2月

旅行作家　山口由美

●極上のひとり旅／目次

第1章 「小さな旅」から始めよう●箱根

第2章
「ひとり歩き」が楽しい街●奈良

第3章
「ひとり島旅」のすすめ●小笠原

第4章 「目的がある旅」こそひとり旅 ● 知床

第5章
「ひとりアジア旅」の極意 ● ベトナム／ラオス

第6章

「ひとりリゾート旅」は癖になる ●フィジー

第7章 5万円台以下で楽しむ「おひとりさまホテルステイ」

第8章

ひとり旅の知恵袋

※下のＱＲコードを読み取ると、著者の公式ＨＰにアクセスでき、本書に掲載されている写真のカラー版をご覧いただけます。

装丁／萩原弦一郎（２５６）
ＤＴＰ／美創
本文写真／山口由美（著者）
カバー写真／beeboys-stock.adobe.com

第1章

「小さな旅」から始めよう ●箱根

ミュージアム巡りの「小さな旅」

ひとり旅の経験はなくても、ひとりお出かけの経験は、誰しもあるだろう。ひとり外食は二の足を踏むという人でも、カフェやファストフードであれば、抵抗がないと思う。ひとりで外出を楽しむことに慣れていくと、ひとりならではの快適さに気づくようになる。それがひとり旅の第一歩である。

ひとり旅デビューは、肩肘《かたひじ》張って始める必要はない。ひとりお出かけの延長線で考えればいい。日常生活と日帰り旅行の違いは、目的地が遠いか近いかではなく、行動する本人の気持ちにある。つまり、気分が「旅人」になっているかどうかである。

たとえば、近所の散歩をいつもより少しだけ遠くに行き、生活圏の外に出て、初めてのお店に入ってみる。好奇心のアンテナを立て、新しい風景を発見し、新たな出会いに少しドキドキしたなら、それはもう「小さな旅」なのだ。

ひとりお出かけの定番として、ミュージアム訪問がある。

ひとり映画よりハードルが低く、隙間《すきま》時間を見つけて、ひとりでも立ち寄りやすい。お目当ての作品があるときも、ひとりでじっくり、心ゆくまで鑑賞できる。特に企画展は、同行者を探しているとタイミングを逃してしまうこともある。

どんなに仲よしの相手でも、作品の好みや見学のペースは違う。大人になればなるほど、もう一度、ゆっくり見学したいと思うミュージアムがあると思う。

そんなとき、ミュージアム巡りに宿泊をプラスするプランはどうだろうか。

ひとり旅の定番として、パリが候補にあがる理由のひとつもミュージアム巡りにあると思う。芸術の都であるパリには、有名なルーブル美術館やオルセー美術館を筆頭に、1週間程度ではとうていまわりきれない数の魅力的なミュージアムがある。

とはいえ、ひとり旅デビューに、いきなりパリは遠すぎる。

東京など都市のミュージアムを訪れる際に、おひとりさまホテルステイ（第7章を参照）をプラスするのもありだけれど、温泉や自然と共にミュージアム巡りが楽しめる「小さな旅」の候補として、おすすめなのが箱根である。

箱根駅伝のテレビ中継で知名度も全国区の箱根は、王道中の王道の観光地だ。首都圏の出身者にとっては、最も身近な観光地だろう。家族やパートナーと、あるいは友人や仲間たちと、温泉に入って、おいしいものを食べて、親睦《しんぼく》を深める。ひとり旅とは真逆なスタイルの旅で真っ先に候補にあがるのが箱根かもしれない。

箱根のミュージアムは、温泉旅行のおまけに訪問するところと思われがちなのだが、深掘りしてみると、日本を代表するコレクションを有する本格派が少なくない。ひとり旅でじっくり訪れたいミュージアムが、実はたくさんあるのだ。

箱根生まれの私が箱根を再発見したきっかけ

私は箱根で生まれ育った。

毎日、箱根登山電車で学校に通い、遠足は3度に2度は山登り、夏休みの林間学校では、学校に泊まって、調理実習室でおにぎりを作って、金時山《きんときやま》に登った。自宅には給湯器がなく、お湯と言えば温泉。温泉で髪も洗えば食器も洗った。

子どもの頃は、箱根が好きではなかった。むしろ逃げたくてたまらなかった。観光客が喜ぶものはたくさんあるけれど、日常生活には不便だし、人口1万人ほどの小さな町は狭い人間関係がうっとうしかったからだ。だから、高校入学と同時に箱根を出た。

そんな私が箱根の魅力に気づくようになったのは、世界を旅するようになってからのことだ。世界の風光明媚《ふうこうめいび》とされるところが、しばしば箱根によく似ていて、あれ、箱根って実はすごい？ と思い始めた。

駆け出しのトラベルライターだった頃、初めて箱根を取材で訪れたことも忘れられない思い出だ。

初めて他者として箱根を見て、いくつもの発見をした。そのとき、こんな素敵なところがあったのかと驚いたのが、強羅《ごうら》にある箱根美術館の苔庭《こけにわ》だった。

箱根登山電車の終着駅である強羅で箱根登山ケーブルカーに乗り継いで2駅目、公園上《かみ》駅のすぐ近くにある。不思議な駅名は、温泉別荘地として開発された強羅の中心に整備された箱根強羅公園からとっている。

傾斜地に段々畑のように続く公園の下にあるのが公園下《しも》駅、上にあるのが公園上駅である。

箱根美術館は、1952年に開業した、箱根で最も歴史あるミュージアムだ。縄文土器から江戸時代にいたる日本の陶磁器のコレクションで知られるが、なんと言っても「神仙郷《しんせんきょう》」という庭がよい。

創立者の岡田茂吉は、太平洋戦争のさなかの1944年、強羅公園に隣接した土地を入手して、「神仙郷」の造成を始めた。熱海のMOA美術館(3つの国宝など東洋美術の名品を収蔵する、熱海を代表する美術館)の基礎を築いたのも同じ人物である。

なぜ戦争末期に、この場所だったのだろう。太平洋戦争中の箱根には多くの外国人が疎開していて、そのため連合軍が空襲をしなかったとも言われる。

そんな噂《うわさ》を聞きつけたのだろうか。歴史をひもとけば、箱根強羅公園に外国人が疎開していたという記録もある。

フランスのカトリック修道会が経営する白百合学園も当時、強羅に疎開した。そして戦後も残ったのが、私の母校である函嶺《かんれい》白百合学園である。

久しぶりに箱根美術館の「神仙郷」を訪れてみた。

2021年、国の名勝に指定されたという表記がある。富士山を筆頭に、芸術上、鑑賞上価値があるものが選ばれるのが国の名勝だ。「神仙郷」は苔庭をはじめ、いくつかの庭や建物からなる。

苔庭と言うと、京都の寺社が有名である。特に苔寺の別名で呼ばれる西芳寺《さいほうじ》は、事前予約が必要で、見学は少しハードルが高いが、それだけに見応えがある。

スケール的には苔寺に軍配が上がるが、美しさではまったく負けていなかった。思い出の中にあったイメージ通りで、あらためて感動してしまった。

苔庭に面して「真和亭《しんわてい》」という茶室があって、抹茶をいただきながら苔庭を眺められる。一服のお茶を楽しんでいるのは、ひとり旅の人が多かった。入場料と別に料金がかかる小さな贅沢は、ひとりのほうが決断しやすいのだと思う。

別荘地として発展した強羅には、茶道をたしなむ財界人が多く集った。そうした歴史が息づく場所が、すぐ近くの箱根強羅公園にもある。三井財閥の大番頭として知られる益田孝が建てた「白雲洞茶苑《はくうんどうちゃえん》」という茶室である。ここでもお茶がいただける。

「石楽園」から見た通称、大文字山。箱根の大文字焼きは、京都のような「五山」ではなく「大」の文字だけ。

神仙郷の庭は、苔庭のほか、巨大な石が配置された「石楽園《せきらくえん》」という庭園も一見の価値がある。強羅という地名は、石がゴロゴロしていたことに由来する。そういえば、箱根強羅公園にもゴロゴロの巨石がたくさんある。

遠くを見れば、毎年8月16日に「大文字《だいもんじ》焼《や》き」が開催される、通称大文字山こと明星ヶ岳《みょうじょうがたけ》と、反対側には噴煙《ふんえん》を上げる大涌谷《おおわくだに》が見える。大文字焼きというと京都が有名だが、箱根にもある。

１９２１年に避暑客のために始まったものだが、２年後に関東大震災があり、被災して亡くなった人への「送り火」の意味が込められるようになった。

デジャブのような懐かしさを感じたのは、母校の校庭からも、同じく大文字山と大涌谷が見えたからだと気づく。いかにも箱根らしい、いや、よりピンポイントに強羅らしい風景である。

箱根の実力を教えてくれた美術館

箱根美術館がそうであるように、箱根のミュージアムは個人コレクションを主体にした民間運営が多いのだが、その実力を知ったきっかけが、ポーラ美術館だった。企画展の内容に興味を引かれ、初めてポーラ美術館を訪れた私は、お目当ての企画展以上に充実した内容の常設展に驚いた。

モネ、ルノワール、セザンヌ、ゴッホといった印象派やポスト印象派の作品がずらりと並ぶ。特に目を引いたのが、クロード・モネが描いた2つの睡蓮《すいれん》の作品だった。

モネはパリ郊外の村ジヴェルニーに転居し、池のある庭を造成し、睡蓮をテーマに傑作を描いたことで知られる。最晩年の大作は、フランス政府に買い上げられ、パリのオランジュリー美術館にある。

ポーラ美術館にあるのは、1899年の「睡蓮の池」と1907年の「睡蓮」だ。最初の睡蓮には、太鼓橋《たいこばし》が描かれ、2つ目の睡蓮には、水面と睡蓮だけが描かれている。太鼓橋のある構図は、ジャポニズム（19世紀後半にヨーロッパで流行した日本趣味）の影響を強く受けたモネが、浮世絵に出てくる太鼓橋を庭に造って描いたものだそう。その影響を脱して、水面に輝く光に魅せられるようになってからの作品が、2つ目の睡蓮である。

2つの睡蓮は、モネの画作の歩みを物語る。その意味をわかって作品を手に入れたのが、ポーラ美術館のコレクションを蒐集《しゅうしゅう》したポーラ創業家2代目の鈴木常司《つねし》だった。

独学で美術を学び、すぐれた審美眼で、美術史においても芸術家の個人の仕事においても意義のある作品を蒐集した。その結果、19世紀後半から20世紀前半の美術史の流れが体系的に把握できる上質なコレクションになったのだという。

フランスを拠点として活動した藤田嗣治《つぐはる》（レオナール・フジタ）の作品数も日本最大級を誇る。約1万点におよぶ鈴木常司のコレクションは、世界的に貴重なものも多く、遠く欧米の美術館から貸し出しの依頼が来ることもあるそうだ。箱根のミュージアムを侮《あなど》るなかれ、なのだ。

常設展も企画展が変わるタイミングで展示替えとなるが、モネの「睡蓮の池」など、数年に一度、地方の美術展を巡回する「ポーラ美術館展」のとき以外は、ほぼいつでも見られるアイコン的作品もいくつかある。

ポーラ美術館のガラス張りのアプローチ。ここからの山の眺めは雄大。エスカレーターを降りるとエントランスがある。

ピカソの「海辺の母子像」もそのひとつだ。若く貧しかった巨匠が生と死を見つめた「青の時代」の作品は数が少なく、世界的に価値が高い。

それ以外は、ほとんどの作品が入れ替わる。気になる場合は、公式ウェブサイトの「コレクション」の項目をチェックすると、お気に入りの画家の作品が展示されているかどうかがわかる。常設展の企画替えを狙っていくのもありである。

さらに、ポーラ美術館のすごさは、創立者のコレクションに終わっていないことにある。その遺志を継いで、20世紀後半以降の現代アートの蒐集にも、今も積極的だ。

つい最近も、現代アートの巨匠のひとり、フェリックス・ゴンザレス＝トレスの代表作《「無題」（アメリカ #3）》が新たに加わった。

そうした現代アートが、印象派の作品と同じ部屋で鑑賞できるというのも興味深い。

コレクションの中心となっている印象派は、屋外に出て「光」を描いたことが革新的だったとされる。ポーラ美術館の入り口からのアプローチはガラス張りで、箱根の山々と緑を背景にした「光」がまさに感じられる。地上2階、地下3階の低層建築は、周囲の自然に溶け込むように設計されている。

美術館の敷地は広大で、裏手にはヒメシャラなどの原生林が広がっている。杉やヒノキなど人が植えた人工林ではない、自然のままの原生林は、日本では少なく、貴重な存在だ。屋久島や白神《しらかみ》山地が世界遺産になった理由も、その原生林にある。

それが箱根の、それもミュージアムの敷地にあるなんて。これもまた驚きだった。

原生林の森は遊歩道になっていて、ところどころに現代アートがおかれている。

箱根のミュージアムは、雨の日に混雑する（晴れの日は、ほかの屋外の観光スポットに行く人が多いため）と言われているが、ポーラ美術館は、ぜひ晴れの日に訪れたい。原生林の遊歩道で、印象派が魅せられた「光」の魔力を感じることができるからだ。

個性あふれるミュージアムがいっぱい

野外の現代アートと言えば、日本初の野外美術館、箱根 彫刻の森美術館も忘れてはいけない。日本初の彫刻に特化した美術館として、1969年に開館した。箱根美術館に次いで歴史のあるミュージアムである。

箱根登山電車で強羅に到着する直前、車窓からも見ることができる。最寄り駅は「彫刻の森」という。開館の3年後に駅名が変わった。私が箱根登山電車で学校に通っていた時代のことだ。箱根在住の子どもが全員招待され、その頃テレビで放映されていたアニメ『みなしごハッチ』のグッズをもらったことを思い出す。

子ども時代の思い出が多いミュージアムなのだが、久しぶりに足を運んでみると、新たなスポットができていた。緑とアートを見ながら楽しめる、敷地内からわきでる源泉を利用した温泉足湯だ。

広々とした芝生の丘陵地にアートが点在し、箱根をとり囲む山々（箱根外輪山《がいりんざん》）を遠望できる。抜け感のある風景が気持ちいい。同じ野外展示でも、原生林の森にひっそり

彫刻の森美術館の「幸せをよぶシンフォニー彫刻」。SNSで話題になってから映え写真を撮る人が多く、混雑しがち。たまたま大雨のタイミングで訪れたら独り占めできた。

とアートがたたずむポーラ美術館とは、雰囲気が正反対である。

「幸せをよぶシンフォニー彫刻」の最上階からの眺めも素晴らしい。ステンドグラスによるパネルで壁面が構成された塔の中に螺《ら》旋《せん》階段があって上っていくのだが、塔の内部もＳＮＳの「映《ば》え写真」で有名になった名所である。

彫刻の森ならではのコレクションと言えば、ヘンリー・ムーアだ。自然と彫刻の融合をめざしたイギリスの彫刻家で、26点を所蔵するここは、その作品をまとめて鑑賞できる世界でも貴重なミュージアムである。

このほか、陶芸作品を中心とする３１９点を順次公開するピカソ館もある。

箱根には日本美術と東洋美術で話題を提供してきたミュージアムもある。小《こ》涌谷《わくだに》にある岡田美術館だ。開館は2013年、その翌年に公開されたのが、1952年から所在不明だった喜多川歌麿《きたがわうたまろ》の「深川の雪」だった。

もうひとつ、話題を集めたのが、伊藤若冲《いとうじゃくちゅう》の生誕300年にあたる2016年に、83年ぶりの大発見として報道された「孔雀鳳凰図《くじゃくほうおうず》」である。精密な動植物の描写を特徴とする若冲は、日本でも大ブームとなったが、それを牽引《けんいん》した出来事のひとつだった。

コレクションは話題を呼んだ近世、近代の日本画のほか、古代から現代にいたる東アジアの陶磁器、仏教関連美術など多岐《たき》にわたる。尾形乾山《おがたけんざん》「色絵竜田川文透彫反鉢《いろえたつたがわもんすかしぼりそりばち》」など重要文化財のコレクションもいくつかある。

箱根のミュージアムでは最も入館料が高いが、展示スペースの広さもトップクラス。時間を気にせず、ひとりでじっくり鑑賞するのに向いている。

ここにも箱根らしく、源泉掛け流しの足湯がある。正面に風神《ふうじん》・雷神《らいじん》の大壁画が迫るスペースで、飲み物やスイーツが楽しめるカフェになっている。大壁画は京都・建仁寺《けんにんじ》にある国宝「風神雷神図屛風《びょうぶ》」を「風《かぜ》・刻《とき》」という作品として創造的に再現したものだ。

岡田美術館も個人コレクションのミュージアムである。尾形光琳《おがたこうりん》の「雪松群禽図屛風《せっしょうぐんきんずびょうぶ》」と創立者の出会いが、美術館設立にいたる東洋美術のコレクションが生まれるきっかけになったという。

ひとりの芸術家にスポットをあてたユニークなミュージアムもある。箱根ラリック美術館だ。

ルネ・ラリックは、19世紀から20世紀のフランスで、アール・ヌーヴォー、アール・デコの2つの時代をまたいで、宝飾デザイナー、ガラス工芸家として活躍した。

アール・ヌーヴォーの全盛期、1900年のパリ万博で、まず宝飾デザイナーとして注目される。1908年、香水商のコティから香水瓶《びん》のラベルデザインを依頼されたとき、香水瓶自体も作らせてほしいと売り込んだ。これをきっかけに、ラリックの香水瓶は話題を呼ぶようになる。

もともと顧客の貴婦人に量り売りで販売していた香水を、デザイン性豊かなガラス瓶に入れて販売するのが一般的になったのは、ラリックの登場以来のことである。その後、ガラス工芸に創作の軸足が移り、室内装飾も手がけるようになる。

1925年のパリ万博は、アール・デコの名称を冠した博覧会だった。ラリックはガラス工芸家として、噴水塔を手がけている。

箱根ラリック美術館の創立者は、岐阜県郡上八幡《ぐじょうはちまん》で代々林業を営んできた実業家である。クラシックカーのコレクターだったところ、ラリックがデザインした車のカーマスコット（フロント部に設置されたラジエーターキャップを装飾するアクセサリー）と出会い、衝撃を受けたという。それがきっかけで、ラリックのコレクターとなった。美術館の設立以前に、まずコレクションありきだったというのは、箱根の個性派ミュージアムの多くに共通している。

箱根ラリック美術館もラリックのコレクションとしては日本でトップクラス。特に一点物で数が少ない宝飾品については、世界でも有数のコレクションだという。

オリエント急行でティータイムが楽しめる箱根ラリック美術館はインバウンドブームにあって、外国人比率が限りなくゼロに近いレアスポット。

最大の展示作品は、ラリックの室内装飾が施されたオリエント急行の車両だ。乗車してティータイムを楽しむプランがあるので、ぜひ体験したい。1929年のプルマン社製、パリと南フランスを結び「コート・ダジュール特急」とよばれた実物の車両である。2001年まで現役で運行され、2004年に海を渡って箱根までやって来た。ヨーロッパの列車旅をしている気分になれて、最高に贅沢なひとときだった。脳内妄想に浸る時間も、ひとり旅ならではだ。

ミュージアム巡りの宿泊は強羅がおすすめ

箱根のミュージアム巡りをする場合、宿泊場所として、おすすめなのが強羅だ。ミュージアムへのアクセスがいいからである。

箱根美術館は紹介したようにケーブルカーで2駅、坂はきついが歩いても問題ない距離である。箱根 彫刻の森美術館は箱根登山電車で強羅から1駅、岡田美術館とポーラ美術館、ラリック美術館は、箱根登山バスの「観光施設めぐりバス」が強羅駅と結んでいる。

強羅は、箱根の中でもブランド力のある土地柄で、「強羅花壇」などラグジュアリーな宿が多い印象があるが、手頃な料金の宿も少なくない。ミュージアム巡りが目的であれば、おこもりステイ向きの贅沢な宿はもったいない。

私のおすすめは、強羅駅と地下通路で直結する「エンブレムフロー箱根(現・WPÜHAKONE)」と、強羅駅から箱根登山電車の線路沿いに徒歩5分の「箱根ゆとわ」だ。ビジネスホテルがほとんどない箱根にあって、2軒ともコンパクトでリーズナブルなダブルルーム(ゆとわはセミダブルルーム)がある。

どちらもバスなし(ゆとわはトイレのみ)だが、大浴場で温泉が楽しめるのだから、不便はない。バストイレつきのツインルームのシングルユースもありなので、予算次第で選べる。

2食つき、朝食つき、素泊まりから好きに選べるのもポイントが高い。ゆとわのほうが施設の規模が大きく、やや料金高め、エンブレムフローは規模がコンパクトで、やや料金安め。時期とタイミングにもよるが、2食つきで1人1泊1万7000円程度~という価格帯は、箱根ではありがたい。

ゆとわのレストランは宿泊客専用でブッフェスタイル。夕食は和食を中心としたハーフブッフェで、別にメイン料理が一品つく。朝食もブッフェで和食と洋食が揃《そろ》う。内装はシックで落ち着いた雰囲気だ。

箱根ゆとわのパブリックスペース。円形の椅子が人気のスポットで、ゆかた姿でまったりくつろぐ人が多い。

一方、エンブレムフローのレストランは外来客でも利用できる。食事は洋食で、夕食は前菜や肉料理が盛り込まれたワンプレートと具材入り土鍋ご飯のセットのほか、アラカルトメニューから好きに選べるプランもある。コンクリート打ちっぱなしの壁と天井が印象的なスタイリッシュなインテリアだ。夕食後、バーとしても利用できる。

ゆとわは、規模が大きいぶん、パブリックスペースが充実している。ライブラリーラウンジと足湯もあるスパラウンジの2カ所がある宿泊者用ラウンジは思わず長居をしてしまう。

ライブラリーラウンジでは飲み物のほか、時間帯によってはスイーツやスナックなども無料で提供される。ワーケーションにもぴったりだ。

ちなみに、私のイチオシのポーラ美術館は、観光施設めぐりバスのほか、強羅駅起点の無料送迎バスもある。発着する停留所がエンブレムフローの真ん前なので、こちらがお目当てであれば、最高のロケーションである。

強羅周辺は、飲食店やカフェも多い。いくつかおすすめを紹介したい。

ケーブルカー沿いの路地にある穴場カフェが「プレジール・ドゥ・ルフ」だ。箱根出身の写真家が富士山の写真を展示する小さなミュージアム、箱根写真美術館に併設されているガーデンカフェである。美術館もぜひ訪れたい。大型カメラで撮影した富士山の写真は、独特の世界観があって引き込まれる。常設展のほか企画展もある。

カフェで注文したいのは、ヒマラヤの企画展時に考案して以来、好評で定番メニューになったという「ネパールチキンカレー」。香り豊かなスパイスカレーは癖になる。

写真つながりで、もう一軒、写真館が併設するカフェがある。

「スタジオカフェ・シマ」だ。「島写真館」は、強羅のほか宮ノ下にも店舗があり、同じ一族が営む。宮ノ下の嶋写真店は、隣接する「富士屋ホテル」の開業の同年、1878年に開業した。箱根の歴史を見つめてきた老舗《しにせ》写真館である。

店内には、代々の店主が撮影した強羅周辺の古い写真が飾られていて興味深い。おすすめは手作りケーキ。特にレモンのチーズケーキは絶品だ。

エンブレムフロー箱根のすぐ近くには、元農協の建物を改装して2021年に開業した人気カフェ「COFFEE CAMP」がある。箱根でゲストハウスを運営するオーナーが「箱根にこんなカフェがあったらいいいな」と思っていたものを実現したという。スタイリッシュな店内は、エンブレムフローにも通じる雰囲気がある。本格的なエスプレッソ、自家製チャイなど、メニューも充実している。朝8時からの営業で朝食も提供する。

紹介したミュージアムに併設するカフェやレストランも、魅力的なところが多い。箱根ラリック美術館の「レストラン・エモア」は営業が朝9時からで、朝食も提供しているので覚えておきたい。庭に面してテラス席もあり、春や秋の天気のよい日であれば最高に気持ちいい。

ランチは、デリとスイーツのブッフェつきセットがお得感あり。メインで選べるスパイシーな鶏の煮込みは、ラリックの娘の得意料理にヒントを得たものだそう。ところどころに感じさせるフランスの世界観がいい。

こだわりメニューが充実しているのは、ポーラ美術館の「レストラン・アレイ」だ。コースメニューは季節ごとに替わり、企画展とコラボしたメニューが登場することもある。定番メニューでは、神奈川県産の鹿肉を使ったハンバーグがおいしい。

箱根の飲食店はランチやティータイムの選択肢には事欠かないけれど、夕方で閉店するところが多く、夕食がとれるところは限られる。強羅もその状況は同じなので、宿泊先で夕食なしを選ぶ場合はチェックしておいたほうがいい。

レストラン・エモアのテラス席。南仏のリゾートを思わせる雰囲気がよい。

強羅で夕食のおすすめとしては、強羅名物の「豆腐かつ煮」を提供する「たむら銀かつ亭 本店」がまずあげられる。水がよい箱根は豆腐がおいしいことで知られる。「豆腐かつ煮」は強羅にある「銀豆腐」をカツにして卵でとじた一品だ。

地元の人にも愛されてきた老舗が、彫刻の森近くにある「餃子《ぎょうざ》センター」だ。最近はインバウンドの外国人にも人気が高い。箱根で餃子専門店なんて、ほかにない。チーズ餃子、キムチ餃子など、変わり種の餃子もある。

宮ノ下にもある、手頃な料金で泊まれる箱根の宿

私が以前より頻繁に箱根に行くようになったのは、2019年に生まれ育った家を民泊「ヤマグチハウス」として開業してからのことだ。

「ヤマグチハウス」は、2名以上の利用が多く、ひとり旅向きの宿ではないけれど、ゲスト向けの観光情報を収集するため、近隣エリアを探索することが増えた。

我が家がある大平台《おおひらだい》温泉は、戦後に開発された温泉場で、家族経営の小さな旅館と民泊が多い。箱根登山電車の大平台駅が最寄り駅だ。以前は、寿司屋とラーメン屋があって重宝していたのだが、2軒共が廃業してしまった。それがきっかけで、あらためて目が向くようになったのが隣の駅である宮ノ下だった。

宮ノ下も強羅と同様に箱根ではブランド力のある温泉地として知られる。その原点とも言えるのが、島写真館の関連で紹介した「富士屋ホテル」だ。日本を代表するクラシックホテルである。向かいの旧奈良屋旅館もさらに歴史ある老舗だったが、現在は、リ

ゾートトラストが運営する会員制リゾートホテル「エクシブ箱根離宮」になっている。

2024年には「エスパシオ　箱根迎賓館　麟鳳亀龍《りんぽうきりゅう》」という、箱根でおそらく今最も料金が高い最高級旅館も開業した。

そうそうたる宿が並ぶ宮ノ下にも、強羅と同じく、ひとり旅向きの手頃な宿がある。そのひとつが、歴史ある一軒宿をルーツに持つ「箱根つたや旅館」だ。

箱根の温泉の歴史は「箱根七湯」と呼ばれる7つの温泉から始まる。湯本、塔ノ沢、宮ノ下、堂ヶ島、底倉、木賀、芦之湯《あしのゆ》である。現在のような掘削《くっさく》技術がない時代には、温泉は自然噴出のものしかなく、箱根では、この7つがそうだった。

箱根七湯のうちの4つ、宮ノ下、堂ヶ島、底倉、木賀が、宮ノ下の周辺にある。

そのひとつである底倉温泉の歴史ある一軒宿が、江戸時代からの長い歴史を持つ蔦屋《つたや》旅館だった。その歴史を継承し、新たな宿として再生したのが「箱根つたや旅館」なのだ。

ちなみに、先に紹介した「エスパシオ　箱根迎賓館　麟鳳亀龍」は堂ヶ島温泉にある。以前あった2軒の温泉宿が廃業した後、唯一の宿として歴史を受け継いだ。

箱根七湯の中で、ラグジュアリーを極めた堂ヶ島とは真逆のコンセプトで生まれ変わったのが「箱根つたや旅館」である。

エンブレムフロー箱根もそうなのだが、個室のほかに、ドミトリー（相部屋）タイプの部屋もある。英語名は「ONSEN GUEST HOUSE TSUTAYA」だ。ゲストハウスとは、客室タイプのなかにドミトリーがあり、共用のラウンジやキッチンを持つ、手頃な料金の宿泊施設をさす。ホステルと呼ぶこともある。

バックパッカーが利用する「安宿」の進化形と考えればよい。余分なサービスは省き、格安な料金でありながら、スタイリッシュなデザインを取り入れ、快適に過ごせるように工夫したゲストハウスやホステルは、最近インバウンド旅行者の増加を背景に、日本でも台頭している新しい宿のスタイルだ。

若い人向けという印象があるが、海外では幅広い年齢層が利用している。相部屋のドミトリーは抵抗があるかもしれないが、このタイプの宿の個室は狙い目で、私もよく泊まる。

歴史ある箱根七湯の温泉旅館を、大浴場や露天風呂はそのままに、ゲストハウスとしてリニューアルした「箱根つたや旅館」は、ほかに例をみないユニークな宿なのである。「籠床《かごどこ》（キャビンタイプ）」と名づけられた部屋は、和風のカプセルホテルといった趣がある。女性専用ルームもあり、安心して宿泊できる。個室は外国人に人気が高いので、予約の際は早めにチェックしたほうがいい。

宮ノ下には、もうひとつ、歴史的建造物を改装したユニークなホステル「Hakone HOSTEL 1914」がある。ネーミングの通り、1914年に竣工《しゅんこう》した郵便局の建物を活用している。男女共用のドミトリーのほか、個室が4つある。

大人のひとり旅であれば、ダブルルームの利用がおすすめだ。温泉はないので、太閤《たいこう》湯《ゆ》など、宮ノ下にいくつかある日帰り温泉に出かけるといい。

宮ノ下で体験する、特別な朝の時間

いずれの宿も共用キッチンはあるけれど、食事のサービスはない。それでも、あえてすすめるのは、宮ノ下は飲食店が充実しているからである。

夕食であれば、我が家の民泊のゲストにもよくすすめる、次の3軒が定番である。

まずは、箱根登山電車の宮ノ下駅前にある、お洒落《しゃれ》居酒屋の「森メシ」。小田原にも店舗があって、小田原産の新鮮な魚介をはじめ、地元産の素材を使った料理が揃う。

次に韓国家庭料理の「マダムスン」。焼き肉屋とはひと味違う、ビビンパやプルコギ、チゲなどの料理がメインだ。ディナーメニューのセットは、ランチより品数が多く、食べ応えがある。

もうひとつがイタリアンの「ラ・バッツァ」である。シェフとマダムは富士屋ホテルの出身で、季節ごとのメニューやデザートも充実している。富士屋ホテル仕込みの味が3分の1くらいのお値段で堪能できてしまう。

宮ノ下の外食のチョイスとしては、もちろん富士屋ホテルもありだ。「Hakone HOSTEL 1914」に宿泊して、ディナーは富士屋ホテルという、メリハリのあるお金の使い方をするゲストもいるという。

私のおすすめは、朝食である。宿泊客以外でも利用可能なので、ぜひ訪れてみてほしい。メインダイニング「ザ・フジヤ」は、富士屋ホテルの中で最もドラマチックな雰囲気のある空間で、時間帯によって表情を変える。夜もいいが、私は朝が一番好きだ。

世界のラグジュアリーホテルで、私は何度も朝食だけの利用をしてきた。手頃な料金の宿に泊まって、朝食だけ贅沢をする。もしくは職業柄、一軒でも多くのホテルを取材するときの方法でもある。ホテルマニアは「外来朝食」と呼ぶことがある。

ランチやアフタヌーンティーでは感じることのない、疑似宿泊の気分が味わえるのが朝食の魅力である。朝というのが、本来は宿泊者だけに許された特別な時間だからだ。

宮ノ下には、もうひとつ、本当は教えたくない、穴場のお店がある。禅宗のお寺のお坊さんが作る精進料理の朝食だ。

完全予約制で朝食だけ提供するお店で、「斎縁《さいえん》」という。禅宗の修行僧が使う「応量器《おうりょうき》」と呼ばれる本格的な食器で提供される。

宮ノ下で発見した、もうひとつの箱根

ミュージアム巡りの拠点にしたい強羅に対して、宮ノ下では、あえて遠くには行かずに周辺を歩く旅がいい。

宮ノ下を歩いてみようと思ったきっかけは、富士屋ホテルの昔話をひもといたことだった。1890年代以降、頻繁に富士屋ホテルに滞在し、ついには自分の書庫まで建ててしまった顧客がいた。バジル・ホール・チェンバレンという日本語学者である。宮ノ下には、彼の名前を冠した「チェンバレンの散歩道」という道があるのだ。

私の初めての著書『箱根富士屋ホテル物語』でも、チェンバレンのことは書いている。

なんとなくよく知っている気分になっていたが、この道を実際に歩いたことがないことに気がついたのだった。

正式名称は「堂ヶ島渓谷遊歩道」という。箱根七湯のひとつ、堂ヶ島温泉の懐《ふところ》に入っていく道である。

堂ヶ島は谷底にある温泉だ。その昔、2軒の宿があり、ひとつがケーブルカー、もうひとつがロープウエーでアクセスした。現在のエスパシオはケーブルカーを使っている。その道のりを徒歩で下りていくのが、この道だ。

谷底に流れる早川の渓流の美しさは息をのむ。谷底への道なので、急な坂道はあるが、1時間足らずで歩ける。

もうひとつ、宮ノ下で気になっていたハイキングコースがあった。

その昔、富士屋ホテルの外国人ゲストが「フジビュースタンド」と呼んだ展望台に行く道だ。その名の通り、富士山が一望できる。日本語では「富士見台」である。

堂ヶ島は谷底だが、宮ノ下も谷の集落。だから、富士山は見えない。でも、ここまで登れば、見えるのである。

浅間山《せんげんやま》という、鎌倉時代からの湯《ゆ》坂道《さかみち》という古道沿いにある山の頂上に向かう登山道でもある。この山に登れば富士山が見えたからだろう、古くから富士山信仰のあった山でもある。浅間山は、宮ノ下のほかに、大平台、小涌谷にも登山口がある。

ゴールデンウイークの合間の平日、私はひとりで「富士見台」に向かった。

展望台に到着して思わず叫んでしまった。

「見える、見える」

残雪の残る富士山が、くっきりと美しい姿を見せていた。感動の瞬間だった。

富士見台から見る富士山。敷地内からは富士山が見えないのに、富士屋ホテルという名称なのは、裏山に登れば富士山が見えたからなのかもしれない。

その日、箱根全体は混雑していたのに、ここでは富士山が独り占めだった。その昔は富士屋ホテルの外国人ゲストはこぞって来たらしいが、今は外国人観光客にもあまり知られていない。

もうひとつの箱根が再発見できる、まさに穴場である。

第2章

「ひとり歩き」が楽しい街 ● 奈良

「奈良が好き」は魔法のワード

ひとり旅というと、定番は京都だろう。見どころは多いし、行きたかったところ、気に入ったところを自分ひとりのペースで巡るのはもちろん、王道のひとり旅だと思う。だが、人気観光地だけあっていつも混雑しがちなのが難点だ。特に最近はインバウンドブームで、どこに行っても外国人観光客であふれかえっている。素敵なホテルもたくさんあるが、料金も高めである。

私がひとり旅に推したいのは、京都に隣接する奈良である。

京都からの日帰りではなく、奈良をめざし、奈良に泊まるひとり旅だ。

修学旅行から外国人観光客まで人気が高いが、実は日帰り客が多い。最近、ホテルが増えたとは言うものの、それでも泊まる人は少ない。

奈良の人たちも、そのことを意識しているのだろうか、駅から宿泊先までタクシーに乗ったとき、自虐《じぎゃく》ネタが出たことがあった。観光客は京都に泊まる、奈良には滅多に泊まらない、というのだ。無意識に、私はこう言った。

「そんなことないですよ。泊まるなら奈良ですよ。私は奈良が好き」

途端に運転手さんの態度がよくなって、宿泊先はエントランスが入りにくいから、外で降車させると言っていたのが、中まで入ってくれたのだった。

「奈良が好き」は、奈良では魔法のワードなのかもしれない。


奈良のよさにあらためて気づいたのは、朝の奈良公園をランニングしたときだった。

私は旅先でのランニング、通称「旅ラン」をすることがときどきある。時間帯は早朝が多い。暑い土地柄や季節でも多少涼しいし、人が少ないのがいい。ひとり旅だと、同行者と朝食の時間や出発のタイミングを相談する必要がないので、宿に戻ってくる時間を気にしないですむ。

そもそも私が「旅ラン」にはまるきっかけになったのが、このときの奈良だった。そ

早朝の飛火野にて。旅ランで出会った私史上最高の絶景だ。

れほど忘れがたい体験だったのだ。

かねて「旅ラン」なるものを試みようと思ってきた私は「奈良／ランニング」で検索して出てきたルートを参考に、滞在していた「奈良ホテル」を起点に春日大社あたりまで往復することにした。季節は秋の紅葉シーズンである。

往路は、荒池園地《あらいけえんち》から鷺池《さぎいけ》の浮見《うきみ》堂《どう》を経て、新薬師寺方面に南下し、若宮神社から春日大社へ。復路は、飛火《とびひ》野《の》を通って、一の鳥居まで南下する。

奈良公園の中心部を通るルートであり、日中であれば大勢の人で混雑するエリアだ。ところが、早朝の奈良公園は別世界だった。

とりわけ、飛火野の美しさは忘れられない。後で地図を見て気がついたのだが、このあたりは紅葉の名所でもあった。きらきらした朝の光を浴びて、紅葉を背景にシカが草を食《は》む風景は、まるで一枚の絵画を見ているようだった。

観光シーズンであるにもかかわらず、あたりは静寂に包まれていた。奈良公園というといつも混雑しているイメージがあったのだが、時間帯が違うだけで、こんな体験ができるなんて。奈良の魅力を再認識したのだった。

ランニングは無理というのであれば、ウオーキングというか、散歩でもかまわない。実際、フォトジェニックなシーンが多すぎて、写真を撮りまくっていた私も、まったくランになっていなかった。

有名な世界遺産は、早朝に行くのが秘訣

奈良公園には、早朝から開いている観光名所も多い。たとえば、春日大社は3月から10月までは午前6時半から、東大寺の大仏殿も4月から10月までは午前7時半から拝観可能だ。

混雑必至の有名スポットは、早めの時間に訪れてしまうのもおすすめだ。これも奈良に宿泊しているからこその技である。

春日大社と東大寺は、世界遺産「古都奈良の文化財」の8カ所に含まれる。これに興

福寺、元興寺、春日山原生林を加えた5カ所が奈良公園内にある。

混雑する有名な世界遺産は早朝に行くというのは、旅の鉄則かもしれない。それを実感したのが、エジプトのアブ・シンベル神殿だった。

アブ・シンベル神殿は、エジプト南部にある岩窟《がんくつ》神殿だ。建設したラムセス2世は、建築王とも呼ばれ、エジプトの神殿建築における大傑作とされる。1960年代、ナイル川にアスワン・ハイ・ダムを建設するため、神殿に水没の危機が迫ったのだが、ユネスコの国際的な救済活動により、人類の遺産は無事、高台に移築された。

世界遺産とは、この救済活動をきっかけに誕生した制度である。つまり、世界遺産の原点となった遺跡なのである。

それだけに、いつも混雑していて、しつこい物売りにつきまとわれるので有名なのだが、私はオフシーズンである夏の早朝に訪れて、ほぼ貸し切り状態の奇跡に遭遇《そうぐう》したことがある。

眠い目をこすりながら、営業開始の午前5時にあわせて到着すると、遺跡の入り口には誰もいない。ひとりで神殿に向かって歩いて行くと、一組のカップルがいた。人影はそれだけだった。20分くらいだろうか、私たちは広大な遺跡を3人だけで独占した。完全にひとりでなかったぶん、記念撮影をお願いできたのも、なおよかった。

朝陽に照らされたアブ・シンベル神殿の息をのむような美しさは忘れられない。私はふと奈良の飛火野を思い出していた。

アブ・シンベルも、見どころの多いエジプト南部の観光拠点であるアスワンから日帰りする観光客がほとんどで、立ち位置がちょっと奈良に似ている。宿泊する観光客が少ないのである。

アブ・シンベル神殿を独り占めしたときの証拠写真。

だが、せっかく行くのであれば、アブ・シンベルに宿泊することを強くおすすめする。早朝も素晴らしいが、夜に開催される「音と光のショー」がいいのだ。

ライトアップした遺跡で展開されるショーは、なんともドラマチックだった。日本語音声もあって、古代史をひもとき、水没の危機が迫った神殿を巡る物語が没入感たっぷりに楽しめる。エジプトの遺跡では、各地で「音と光のショー」があるが、アブ・シンベル神殿は中でも評判が高い。

このときも、ひとり旅だった。遊びに行った先のエジプト在住の友人に、夏のアブ・シンベルなんて絶対に嫌だと言われたからだ。物売りがいなかったのも、暑かったからだ。それでも行くと決めたからこそ、奇跡的な瞬間に遭遇できたのだと思う。

奈良は馬酔木の花が咲く季節がいい

世界遺産「古都奈良の文化財」の8カ所のうち、奈良公園内の5カ所を除く残りの3カ所（薬師寺、唐招提寺《とうしょうだいじ》、平城宮跡）と、同じく世界遺産「法隆寺地域の仏教建造物」が離れた場所にあるため、奈良はひとり歩き向きではないという人もいるが、奈良公園周辺に限定すれば、緑も多く、歩いてまわるのに向いている。

大人のひとり旅は修学旅行ではないのだから、有名観光地をコンプリートする必要はない。有名な寺社は早朝など時間帯を外して、日中は中心をちょっと外れて歩いてみるといい。

春日大社周辺のお気に入りスポットを、ひとつ紹介したい。新薬師寺方面からアプローチできる、「ささやきの小径《こみち》」という散歩道だ。若宮神社ルートが紅葉の名所なのに対して、こちらは春がおすすめである。奈良公園に多い馬酔木《あしび》の原生林があって、2月から4月にかけて可憐《かれん》な花が咲くからだ。耳慣れない名前の花だが、釣り鐘《つがね》状の小さな花がぶどうの房のように連なって咲く馬酔木は、奈良の春を象徴する花である。

奈良公園には、シカが葉っぱを食べてしまうため、低木がほとんどない。馬酔木だけ例外なのは、毒があり、シカが食べられないからだという。

「ささやきの小径」に入る手前に、志賀直哉旧居《きゅうきょ》があり、開館時間が午前9時半なので、ここは早朝ではなく、日中の時間帯にあわせて行くのがいい。

この周辺は高畑《たかばたけ》と呼ばれ、芸術家が集まるエリアだった。きっかけは大正時代に足立源一郎という画伯が、フランス・プロバンスの田舎家ふうの洋館を建てたことだった。

志賀直哉が隣に引っ越してきて、白樺派の作家が集まるようになり「高畑サロン」と呼ばれた。洋館はカフェ「たかばたけ茶論」になって、今も当時の雰囲気を伝えている。

「ささやきの小径」は志賀直哉もよく散策したという。

この界隈《かいわい》には、もうひとつ、同じく春におすすめの場所がある。白毫寺《びゃくごうじ》の境内にある天然記念物の椿《つばき》だ。「五色椿」と呼ばれ、紅色、白色、桃色の三色を中心に色とりどりの斑《ふ》入りの椿の花が地面に落ちるさまは、絵画的な美しさである。また、境内から奈良市街が一望できる眺望のよさでも知られている。

「五色椿」は、「奈良三名椿《さんめいちん》」と呼ばれる椿のひとつだ。残りの2つは伝香寺の「散り椿」と東大寺開山堂の「糊《のり》こぼし（糊をこぼしたような斑があることからこう呼ばれる）」で、いずれも奈良公園周辺の徒歩圏内にある。開山堂の庭だけ非公開だが、垣根からのぞくことができる。

春の奈良というと、吉野の桜が有名だが、インバウンド旅行客が殺到する桜ではなく、可憐な馬酔木と椿を求めて旅に出るのもいい。

私が奈良と言えば馬酔木というイメージを持ったのは、堀辰雄の『浄瑠璃寺《じょうるりじ》の春』という小説がきっかけだった。こんな書き出しで始まる。

〈この春、僕はまえから一種の憧れをもっていた馬酔木の花を大和路《やまとじ》のいたるところで見ることができた。〉

「いたるところで」と言うのだから、奈良公園にあるささやきの小径も行ったに違いないが、「そのなかでも一番印象ぶかかったのは」と記しているのが、小説の題名になっている浄瑠璃寺である。

実はここ、住所としては京都府になる。だが、県境に位置していて、アクセスとしては奈良から行きやすい。堀辰雄は2時間かけて歩いていったと書いているが、今は近鉄奈良駅前から浄瑠璃寺行きのバスが出ている。

平安時代には9体の阿弥陀如来《あみだにょらい》をまつる堂が京都の各地に建立されたが、浄瑠璃寺は、9体揃って御堂と共に現存する唯一の寺として知られる。別名「九体寺《くたいじ》」と呼ばれるゆえんだ。本堂の吉祥天女立像《きちじょうてんにょりつぞう》と三重塔に安置される薬師如来は秘仏《ひぶつ》で、特別公開日にしか開帳されないので、事前にチェックしておきたい。

周辺は「当尾《とうの》の里」と呼ばれ、平安時代に世俗化した仏教を嫌った僧侶たちが移り住んだとされるエリアだ。道端に多くの石仏が残っている。もうひとつの見どころが岩船《がんせん》寺《じ》で、ここにはあじさいの名所として知られる。

岩船寺と浄瑠璃寺を結ぶルートは、途中に石仏が点在する手軽なハイキングコースになっている。のんびり歩くのがおすすめだが、コミュニティバスもあるので、体力に応じて利用できる。なお、岩船寺にも近鉄奈良駅前からバスが運行している。ちょっと遠出のお出かけとして、お気に入りコースだ。

奈良でおすすめの宿

奈良公園周辺のひとり歩きと、近鉄奈良駅起点のバスを利用する旅であれば、近鉄奈良駅と奈良公園に近く、飲食店の多い、ならまち近辺が便利だ。

駅周辺は東横ＩＮＮやアパホテルなど、全国チェーンのビジネスホテルが多い。宿泊料金を抑えたければ、この周辺で選ぶとよい。

駅から少し離れるが、大人ひとり旅におすすめしたいのが、クラシックホテルの奈良ホテルである。奈良公園とならまちへのアクセスがいい絶好のロケーションで、私が「旅ラン」をしたときに泊まっていたホテルだ。

ハードルが高い印象があるが、早割などを上手《うま》く利用すれば、２万円台から。外資系のラグジュアリーホテルと比較すれば、決して高くない。

建物は1909年の開業時からある歴史的建造物の本館と、1984年に建築された新館からなる。もちろん、歴史を感じるのは本館だが、ひとり旅であれば、宿泊は料金が安めの新館でもかまわない。いや、客室はどこだっていい。クラシックホテルの魅力は、客室以上にパブリックスペースにあるからだ。

クラシックホテルの特徴的な建築や歴史を感じさせる空間は、たいていパブリックスペースにある。記念日などに選ばれがちなのだが、ひとり旅での利用こそすすめたい。なぜなら、ひとりで心おきなく歴史に思いを馳《は》せ、時間旅行を楽しむことこそが、クラシックホテルに泊まる醍醐味《だいごみ》だからである。

奈良ホテルで、まず足を向けてほしいのが、本館のロビーフロアにある「桜の間」だ。午後5時から8時までは宿泊者専用スペースとなり、飲み物サービスもあるが、見るべきは、奈良ホテルの歴史を物語るアイテムにある。

有名なのは、アインシュタインが滞在したときに弾いたというピアノだが、部屋の片隅にひっそりとたたずむ銅像にも注目したい。

顔を見てピンとくるほどの有名人ではない。太平洋戦争末期、日本占領下のフィリピンで大統領だったホセ・ラウレルの胸像である。

大統領の一家と側近は、米軍の進軍に伴い、日本軍と共に日本に亡命、終戦まで奈良ホテルに滞在していた。当時、フィリピンの亡命政府が奈良ホテルにあったのである。クラシックホテルの魅力は、こうした歴史秘話にある。ほかにも館内には歴史に関連した展示があちこちにあり、ちょっとしたミュージアムのようだ。

さらに、クラシックホテルらしさを感じる空間が、本館の階段である。階段自体の美しさもさることながら、階段の上から見おろす画角も絵になる。

階段が主役を張るのは、エレベーターがなかった時代の建築ならでは。奈良ホテルならずとも、クラシックホテルでは、ぜひ階段に注目してほしい。

メインダイニングルーム「三笠《みかさ》」もマストで体験したい。夕食は外に出かけても、朝食はぜひここで。ピンと糊のきいた白いテーブルクロスに銀食器が並べられ、丁寧にサービスされる洋食もいいけれど、奈良ならではの「茶がゆ定食」もおすすめだ。

奈良ホテルに近いロケーションで、もう一軒、サステナブルなコンセプトの快適なラグジュアリーホテルがある。「セトレならまち」だ。「セトレ」は関西を中心に地域との関わりを重視する「コミュニティホテル」を展開するブランドである。

荒池を見おろす奈良ホテルに対して、こちらは猿沢池《さるさわいけ》の畔《ほとり》。

標準的な部屋タイプ「青丹《あおに》」の価格帯は、奈良ホテルの同じカテゴリーの部屋と同じくらい。ハリウッドツイン（2台のシングルベッドを密接して配置した部屋のこと）ルームなので、ひとり旅にも居心地がよい。

ウェブサイトには「歴史深き奈良の魅力と醗酵沐浴《はっこうもくよく》を起点に過ごす循環型ホテル」というコンセプトが掲げてある。「醗酵沐浴」とは微生物による自然発酵で発熱した檜《ひのき》パウダーの足湯のことだ。中庭にある「ASHIYOKUドーム」で楽しめる。

奈良県吉野産の無垢《むく》ヒノキが用いられており、心地よい木の香りがたちのぼる。使用後の醗酵パウダーは、「醗酵堆肥《たいひ》」として中庭の菜園で利用される。その堆肥で育てられた野菜やエディブルフラワー（食用として栽培された花）は宿の食卓を彩る。なるほど、それで循環型ホテルなのだ。

吉野産の杉やヒノキは、館内のいたるところに用いられている。奈良の中心部にあるホテルながら、木を通して吉野の森を感じることができるのだ。

地元の食材にこだわった食事も、ポイントが高い。さらにうれしいのは、ラウンジ、レストラン共にアルコールを含むドリンクがオールインクルーシブ（宿泊料金に食事や飲み物、アクティビティなどが含まれた料金プランのこと）であること。ライブラリー&レコードルームや奈良の伝統工法の技術にふれられる「匠室（マイスタールーム）」など、奈良ホテルとは違う方向で、こちらもパブリックスペースが充実している。

奈良ホテルとセトレならまちは、まったくタイプは違うけれど、どちらも奈良ならではの体験や空間が楽しめる、唯一無二の宿である。

奈良で食べたいスパイスカレー

ひとり旅に奈良を推す理由のひとつとして、奈良でイチオシのグルメが、ひとり旅向きであることがあげられる。それがスパイスカレーである。カレー屋さんなら、料金もお手頃で、ひとりでも気兼ねなく入店できる。

スパイスカレーとは、家庭料理で一般的な小麦粉のルーを使わずに、スパイスを主役にして作ったカレーをさす。インド、スリランカ、ネパールなど、南アジア方面のカレーはほぼこのスタイルだ。エスニック好き、辛いもの好きで、これらの国の料理に目がない私にとって、奈良は心躍る土地柄なのだ。

なぜ奈良でスパイスカレーなのか。

シルクロードの終着点である奈良には、さまざまな文化が大陸からもたらされたが、スパイスも例外ではなかった。唐から遣唐使などによって平城宮に運ばれたとされ、実際、正倉院には、当時のスパイスのリストと共に現物も残されている。奈良は日本のスパイスの発祥地なのだ。

奈良でスパイスカレーの名店が増え始めたのは近年のことだが、ブームは歴史的背景あってのことなのである。


奈良のスパイスカレーは特定の地域のカレーに準拠したところと、独自にアレンジしたレシピのところに大きく分かれる。

前者で多いのが南インド系のカレーだ。南インドでは複数のカレーや副菜を盛り合わせた「ミールス」という定食スタイルで提供するのが一般的。カレーと言えば、ナンを連想するが、ナンは基本的に北インド、それも高級レストランで提供されるもの。南インドの主食はもっぱら米飯である。

近鉄奈良駅に近く、アクセスもよい人気店が「toi《トイ》印食店」だ。メインのカレーをひとつ選ぶと、奈良野菜をたっぷり使った副菜が4種類ついてくる典型的なミールスである。不思議な店名は「trip of imagination」の意味だそう。

ならまちにある「酒と肴《さかな》なかむら」も南インド系。店名からはカレーを連想できないが、ランチのみ、オリジナルの「ナラカムミールスプレート」が楽しめる。居酒屋として営業する夜のメニューも、スパイスたっぷりの料理が多い。

ネパールでは、ミールスによく似た定食を「ダルバート」と呼ぶ。「ダル」とは豆カレーの意味、「バート」とは米飯《べいはん》の意味。豆カレーとご飯にそのほかのカレーやおかずを加えたものがダルバートになる。これを日本人好みにアレンジして提供するのが、ならまちにある「菩薩咖喱《ぼさつかりー》」である。

オリジナルレシピのカレー店は、カフェスタイルのところが多い。

2023年にオープンした「カフェ&ギャラリー メカブ」では、月替わりのスパイスカレーを提供しているが、カレーマニアの僧侶が古文書をひもとき、コラボすることがある。

2024年7月に話題を呼んだのが、興福寺の辻 明俊《みょうしゅん》執事長と、大安寺の河野 裕韶《ゆうしょう》副住職が奈良時代の僧侶の食事をイメージして創作した「KDカレー」だった。興福寺のKと大安寺のDで「KD」である。

奈良時代にカレーなんてピンとこないが、大仏開眼供養の導師の菩提僊那《ぼだいせんな》はインドの高僧だったのだから、スパイス持参でやってきた可能性も充分考えられるのだとか。

ただし、辛さに欠かせない唐辛子は、15世紀に入ってきたものなので、奈良時代にカレーがあったとしたら、やさしい味だったかもしれない。

僧侶とのコラボカレーは不定期なので、インスタなどでチェックしておきたい。

特別感のある空間と共に楽しむスパイスカレーであれば、奈良公園内の茶寮「世世《ぜぜ》」が外せない。旧興福寺子院「世尊院《せそんいん》」の客殿を改修した寺院建築は、庭園に囲まれた風情あるたたずまい。

敷地続きのラグジュアリーホテル「紫翠《しすい》 ラグジュアリーコレクションホテル 奈良」と同じ敷地にある築200年の贅沢な空間は、ほかのカレー屋さんやカフェとは一線を画する大人の雰囲気である。

肝心のカレーは、10種類以上のスパイスを用いた「世世のスパイス」というネーミングのココナッツミルク入りレッドカレーで、タイカレー風だが、辛さはほどよい。スイーツとオリジナルラテつきのセットがおすすめだ。

スパイスカレーを堪能したら、隣接する「吉城園《よしきえん》」を散策するのもいい。興福寺子院・摩尼珠院《まにしゅいん》の跡に造成された庭園で、杉苔が美しい。春日山、若草山を借景にする、奈良公園の穴場である。

ちなみに「紫翠 ラグジュアリーコレクションホテル 奈良」は、マリオット（マリオットホテルほか30あまりのブランドを展開する世界最大のホテルチェーン）の最高級ブランドである「ラグジュアリーコレクション」と、日本の森トラストが展開するホテルブランド「翠ＳＵＩ」のダブルブランドを冠したラグジュアリーホテルで、客室の居心地のよさは申し分ない。予約のタイミングや時期によるが、1泊6万円台くらいから。

京都にある同等クラスのホテルに比べれば、料金も半分くらい。おひとりさまホテルステイも、京都より奈良のほうがコスパよく、極上の体験を楽しむことができる。

第3章 「ひとり島旅」のすすめ ● 小笠原

ひとり旅に離島をすすめる理由

ひとり旅のデビューであれば、近距離や短期の小さな旅がおすすめだが、ひとり旅に抵抗がなくなったら、ひとりだからこその旅を計画したくなる。

ひとり旅のメリットとして、同行者と日程や行き先の調整をしなくていい点があげられる。それを最大限に生かせる目的地が、実は離島である。

多くの場合、離島へのアクセスは船である。船はフライトよりも天候に左右されやすい。同行者と日程をあわせる場合、よりハードルが高くなる。ならば、ひとりで行ってしまったほうが、気がラクだ。

さらに、ひとり旅で離島をすすめる理由として、大衆的な観光地ではないからこそ、地元の人とのコミュニケーションを通して、地元のよさを発見し、旅が深まる場所であることがあげられる。ひとり旅のほうが断然、そうした出会いの機会は多くなる。

ひとりだったからこそ、思わぬ人と親しくなれた、思わぬ親切に出会えた、という体験は都会よりも離島のようなところのほうが多く、こういう瞬間、つくづく遠くまでひとり旅をしてよかったと思う。

島国の日本には、周囲にたくさんの離島がある。

その中で、私がひとり旅にすすめたいのは、アクセスのハードルが最も高く、だからこそと言うべきか、最高に海が美しく、独特の歴史を持つ小笠原諸島である。

独自の進化を遂げている孤島の生態系は、世界的に高く評価されていて、ユネスコの世界自然遺産にも登録されている。

小笠原の海の青は「ボニンブルー」と呼ばれる。

ボニンとは「無人《ぶにん》」を語源とする。19世紀前半まで長く無人島だった小笠原諸島は英語でボニン・アイランドと呼ばれてきた。19世紀後半までは、どこの国にも属していなかった。

なぜ日本の島なのに、いきなり英語なのか。それは初めて小笠原に定住したのが日本人ではなかったからだ。独特の歴史背景である。

海の青に地名を冠して呼ぶところは、沖縄・慶良間《けらま》諸島の「ケラマブルー」、ミクロネシア・ロタ島の「ロタブルー」など、太平洋を中心に各地にある。

折り紙つきの、その海を見るためだけに旅行する価値がある美しい海ということだが、透明感のあるクリスタルブルーの「ケラマブルー」と「ロタブルー」と比べて、「ボニンブルー」は、少し違う。深く濃い青、吸い込まれるような群青《ぐんじょう》色なのだ。

陸地から遠く離れた群島であるがゆえの深い青なのかもしれない。

東京から約1000キロメートル離れた太平洋に浮かぶのが小笠原諸島だ。それだけ遠くでありながら、小笠原村は東京都に属する。島内を走る車は、なんと品川ナンバーである。

30あまりの島々からなるが、人が暮らす有人島は父島《ちちじま》と母島《ははじま》の2つだけ。そのほか、太平洋戦争の激戦地だった硫黄島《いおうとう》には自衛隊、日本最東端の南鳥島《みなみとりしま》には自衛隊と気象庁が常駐するが、一般の人が行くことはできない。

今回紹介するのは、小笠原諸島で最大の島であり、定期航路「おがさわら丸」が東京・竹芝桟橋と結ぶ、二見《ふたみ》港のある父島である。

「おが丸」が小笠原に行く、唯一のアクセス

アクセスのハードルが最も高いと書いたが、それは、行く手段が「おがさわら丸」しかなく、しかも24時間かかることにある。空港がないからだ。24時間あれば、世界のたいていの場所に行けてしまう。だが、その隔絶感こそが小笠原の魅力でもある。

「おが丸」の愛称で親しまれる「おがさわら丸」の運航スケジュールは、往路が東京発午前11時、翌日の午前11時に父島着。3泊停泊して、東京の出港から5日目の午後3時に父島発、翌日の午後3時に東京着が基本のパターンである。小笠原の人たちはこのサイクルを「一航海」と呼ぶ。

夏の繁忙期、年末年始とゴールデンウイークは父島の停泊がなくなり、短いサイクルの往復も可能になるが、それ以外の時期は、最低5泊6日の日程が必要になる。

「二航海」であれば、10日間である。所要時間が24時間というだけでなく、この運航スケジュールもハードルの高さの一因になっている。

24時間ということは、往復共に船内で1泊することになる。フライトと異なり、予約方法の選択肢はなく、料金は定額。最も安いのは大部屋の和室で、グループで旅する人たちがわいわいやっていることが多いので、ひとり旅向きではない。2段ベッドの2等寝台か、もしくは、よりプライベート感のある特2等寝台がいい。

特2等は、寝台の大きさは同じだが、区間ごとに仕切りのカーテン（病院の大部屋のような感じ）があり、通路の幅もゆとりがあるので、荷物整理などもしやすい。2等寝台にはコンセントがあり、特2等になると、さらにテレビもついている。

ただし、沿岸航海ではないので、出港後2～3時間で東京湾を出ると、まもなく電波が届かなくなり、テレビも見られなくなる。船内Wi-Fiもないので、

おが丸の船上にて、水平線上に沈む夕陽を待つ人たち。揺れで気分が悪くなったときも、甲板に出るのが一番。

動画などのコンテンツを見るのであれば、事前にダウンロードしておく必要がある。

クルーズ客船ではないので、レストランでの食事代は別途かかる。

1万1000トンの貨客船で横揺れ防止のフィンスタビライザーも完備するが、外洋航海なので、海況によって、それなりに揺れる。酔い止め薬を持参すると安心だ。


ちなみに私が2016年に行ったときは、台風の影響で「おが丸」の運航スケジュールが変更になり、プラス3日間の足止めとなった。6日間の予定で行ったら9日間の旅になってしまったのである。


海外で何度かフライトキャンセルや遅延に遭遇したことはあるが、3日間も帰れなかった経験は、後にも先にも小笠原しかない。

幸い、台風は小笠原直撃ではなかったので、陸上のアクティビティは問題なかった。仕方ないと頭を切り替えてからは、楽しかった。

3泊の「一航海」では、少し物足りなかったので、結果的にはよかったと思っている。

もっとも、小笠原に詳しい人に聞くと、欠航はそれほど頻繁ではないという。私はたまたまの不運だったようだ。なぜなら「おが丸」は生活路線でもあるからだ。旅行者だけでなく、島の住民にとっても唯一の足であり、すべての生活物資の運搬を頼っている。車やヘリコプターまで「おが丸」に乗って海を渡る。

生活物資の運搬が定期船頼みで、台風になると店頭から食料品が消えるのは、小笠原に限らず「離島あるある」だが、「おが丸」の場合は、6日間単位の運航なので、入出港日の特別感が半端ない。しかもサイクルが1週間ではないので、何曜日が出入港日になるかの規則性もない。

それでも、島の人たちは「おが丸」の運航スケジュールを把握していて、それにあわせて行動する。島の生活サイクル自体が「おが丸」を中心にまわっているのだ。

当然ながら宅配便や郵便物も「おが丸」が運ぶ。だから島の人たちは出港日にあわせて宅配業者や郵便局に行く。

飲食店の休業日や営業時間も「おが丸」の出入港にあわせて決まる。港に「おが丸」がいない出港日が休日になることが多い。

「おが丸」出港の見送りは、一見の価値あり

出会いも別れも、すべては「おが丸」が舞台になる。

たとえば、診療所はあるが、出産できる設備はないため、島の女性たちは、子どもを産むために船に乗る。新しい命の誕生も、また「おが丸」と共にある。

唯一の例外が、診療所では対応できない急病人が出たときだ。この場合のみ、硫黄島から自衛隊のヘリコプターが飛んでくる。急病人と付き添い1名だけが乗ることができる。

だからなのだろう、「おが丸」が出入港する日の父島は活気が違う。

地元の人たちは、誰に対しても「お帰りなさい」と出迎え、「いってらっしゃい」と見送る。特に圧倒されたのが出港日の盛大な見送りだ。

地元の船が湾の出入り口まで「おが丸」と併走する。多くはダイビングやシュノーケリング業者の船なのだが、スタッフたちは船上から大きく手を振り、最後は派手に海に飛び込んで、立ち泳ぎでまた手を振る。

出港するおが丸をたくさんの船が併走して見送る。手を振っている人たちの何人かがこの後、本当に海に飛び込んだ。

「いってらっしゃーい」

「いってきまーす」

旅行者も当たり前のように言い合う。

正直に言うと、到着早々の「お帰りなさい」にはかなり戸惑った。だが、不思議と島に滞在していると、帰る頃には、この挨拶が自然と口にできるようになる。

実は小笠原はリピーターの旅行者がとても多い。「帰ってこなくちゃ」と思わせる理由のひとつが、この盛大な見送りにあるのかもしれない。

小笠原に行くには「おが丸」しか方法がないと書いたが、正確には、クルーズ客船が寄港することはある。

だが、リピーターたちは「おが丸」愛が深く、そうしたクルーズ客船での寄港は邪道と思っているふしがある。

ひとりを楽しむ旅人がつどう宿

私が父島で出会ったひとり旅の女性もリピーターだった。小笠原が大好きで、マイペースで楽しんでいる様子を見て、小笠原のひとり旅っていいなと確信を持った。

しかも、彼女は泳げない。最高の海がある小笠原で、マリンアクティビティもせず、それでも通うだけの魅力は何なのだろう。聞いてみると、こんな答えが返ってきた。

「人かな。好きで移住した人たちが多いから、嫌々生きているような人がいないのがいいんです」

小笠原は、若い移住者が多いのも特徴である。そのため、離島では珍しく過疎と無縁で、島民《とうみん》の平均年齢は約40歳だという。

離島は地元の人との交流が楽しいとふれたが、小笠原の場合は、島の人たちから元気をもらう感じなのかもしれない。

とはいえ、小笠原のリピーターは、彼女のようなタイプが主流ではない。定宿《じょうやど》をベースに宿泊者同士が学生時代の合宿のような濃密な人間関係を築くケースが多い。特に出港日の前日は、宿で盛大な送別会となる。だから、島内の飲食店は逆に空いている。

パット・インのシングルルームはシンプルなインテリアで、使い勝手がよい。大きな洗濯物干しが備品としてあるのも便利。

そういうのは煩《わずら》わしいと彼女は言った。私も同感だった。

仲よくなった私たちは、台風の影響による「おがさわら丸」の遅延以降、夕食を一緒にするようになった。

私たちが出会ったのは「パット・イン」という宿だった。

島一番のお洒落なインテリアが気に入って選んだのだが、結果、出港前夜に宿で送別会が開かれない、つまり濃密な宿泊者同士の人間関係がない、ひとり旅にはイチオシのおすすめ宿だったのである。

セミダブルベッドの使い勝手のいいシングルルー

ムがあるのも、ひとり旅にはありがたい。客室はコンパクトだが、バスルームはビジネスホテルのようなユニットバスではなく、ゆったりしていて深めのバスタブも備わる。朝食がまたおいしい。和食と洋食が日替わりで、地元の食材を使った盛り沢山の内容は連泊しても、まったく飽きなかった。

立地は奥村という地区で、父島の中心部である大村地区にも歩いて15分ほどの距離である。二見港到着時には送迎がある。エダサンゴの群生地である製氷海岸にも歩いて行ける距離だ。ここは海岸から安全にシュノーケリングが楽しめるポイントとして知られる。ほどよく静かで、ほどよく便利なロケーションのよさも魅力である。

私が泊まったのはコロナ禍前。２０２１年に一部改装されて、より快適になっている。夕食は洋食系のアラカルトメニュー。飲食店の多い大村も近いので、外食に出かけるにも便利である。

宿で知る小笠原の歴史が知的好奇心をかき立てる

「パット・イン」の魅力は、これだけではない。

最大のポイントはオーナーの瀬堀健《せぼりけん》さんが、小笠原の最初の定住者のひとり、ナサニエル・セイヴァリーの末裔《まつえい》であることだ。瀬堀の姓は、セイヴァリーに漢字をあてたもので、健さんはナサニエルから数えて6代目になる。

小笠原に初めて人が定住したのは1830年にさかのぼる。ハワイのイギリス領事の呼びかけで、5人の欧米人と20人のポリネシア人が移住を決意した。

島の首長的役割を果たすようになったのが、人望のあったナサニエル・セイヴァリーだった。アメリカ・マサチューセッツ州出身の船乗りだったが、寄港地のハワイで怪我をして船をおりた。そのとき、ボニン・アイランド（後の小笠原諸島）と呼ばれる無人島のことを知ったのだという。

当時の太平洋は捕鯨《ほげい》が盛んだった。入植者たちは、捕鯨船に食料などを提供することで生活を成り立たせた。今は護岸工事で海が遠くなってしまったが、パット・インのある奥村は、かつては船の出入りを観察するのに最もよい立地だった。

宿の敷地は、ナサニエルの息子のひとりであるベンジャミンの息子、サミュエルの土地だという。それを受け継いだサミュエルの娘、キャサリンが健さんの祖母にあたる。宿の名称は、健さんの父親にあたるパトリックの愛称からとっている。

パット・インの家族の話を聞く限り、小笠原はまるで外国の島のように思える。どういう経緯で日本の領土になったのだろう。

きっかけは、日本に開国を迫ったペリー提督率いる艦隊だった。いわゆる「黒船」は、浦賀に来航する以前に、なんと小笠原諸島の父島に立ち寄っていたのだ。

ペリー来航の理由のひとつに、アメリカが太平洋に捕鯨船の拠点となる港を必要としていたことがあげられる。当時の主要エネルギーは鯨油であり、捕鯨は後の石油産業に匹敵する重要な産業だった。

ペリーは、もし日本が開国に応じなかった場合、小笠原をその拠点にするつもりだったのだ。

交渉の代表となったのが、ナサニエル・セイヴァリーだった。もしこのとき、江戸幕府が開国を決意しなかったら、小笠原はアメリカの領土になっていたかもしれない。

以降、日本人も太平洋の小さな島の重要性に気づき始める。島々に小笠原の名称が冠されたのはこの頃のことだ。小笠原の名称は16世紀に諸島を発見したとされる人物、小笠原貞頼《さだより》にちなむ。

そして1862年、幕府の探検隊が咸臨丸《かんりんまる》（1860年に遣米使節団が派遣された際、米軍のポーハタン号と共に太平洋横断したことで有名）で小笠原にやってくる。交渉の代表となったのは、このときもナサニエル・セイヴァリーだった。通訳として同行していたジョン万次郎を介して、ナサニエルは島がこれまでどの国の統治も受けていないことを伝えて、お互いが了承する文書を取り交わした。これをもって、ボニン・アイランドは日本領土の小笠原諸島となったのである。

かつてカリフォルニア州だった小笠原

小笠原が再び歴史の舞台に登場するのは、太平洋戦争である。沖縄同様、本土を守る最後の砦《とりで》と位置づけられた。現在、父島の人口は約2000人だが、当時は、陸軍・海軍あわせて1万5000人以上の兵士が暮らしていたという。

沖縄と異なるのは、民間人の犠牲がほとんどなかったことだ。激しい戦闘はもっぱら硫黄島で行われたことと、民間人は本土に強制疎開させられたことによる。

小笠原では、欧米系の祖先を持つ人たちを「欧米系島民」または「在来島民」と呼ぶ。

終戦後は、本土に強制疎開させられた島民のうち、欧米系の人たちだけが異なる運命を辿《たど》った。

米軍の占領下におかれたのは、沖縄や奄美諸島と同じだったが、欧米系の人たちだけが、終戦の翌年、島への帰還が許されたのである。それ以外の島民が帰還できたのは、小笠原諸島が日本に返還された1968年のことである。

その間、父島は、わずかな欧米系島民と米軍関係者だけが暮らす島となった。沖縄と同じく通貨が米ドルだったばかりではない。教育もすべて英語、日本との船便はなくなり、アメリカの貨客船がたまに入港する以外は、グアムの基地と結ぶ水上飛行艇だけが唯一の外界とのつながりだった。

つまり、この時代、小笠原は、いわば島まるごとが米軍基地だったのである。

当時の小笠原の住所は、サンフランシスコにある米軍部隊の一部という扱いだったという。小笠原は、なんとカリフォルニア州だったのである。

パット・インのオーナー、健さんの父親は、この時代を知る世代になる。

奥村は、欧米系の住民が多かったことから「ヤンキータウン」と呼ばれていた。

パット・インのすぐ近くに、その名も「ヤンキータウン」というバーがある。ログハウス風の建物は、西部開拓時代のアメリカを思わせる。オーナーのランスさんは、米軍占領時代に父島で生まれた欧米系島民。やはり英語で教育を受けた世代で、長くカリフォルニアで暮らしていたが、故郷に帰ってこのバーを営んでいる。

アイランド・ヒストリー・ツアーを案内するパット・インの翔さん。遠い先祖の西洋人の血を感じさせるイケメンだ。

パット・インに泊まるなら、ぜひ参加したいアクティビティがある。「アイランド・ヒストリー・ツアー」（1人5000円／3時間）である。ナサニエル・セイヴァリーの末裔《まつえい》、オーナーの健さんの弟である翔さんが案内してくれる、唯一無二の体験だ。できれば、入港日の午後に予約するのがおすすめ。最初に小笠原の歴史を知っておくと、見える風景の印象も変わってくる。

もうひとつのおすすめが「ナイト・ツアー」（1人4000円／2時間）だ。満天の星を見るのはもちろん、固有種であるオガサワラオオコウモリやグリーンペペ（光るキノコ。八丈島にも生息する）の観察、7〜9月であれば、時期限定で行われる子どもの海ガメの放流など、小笠原ならではの夜の体験が楽しめる。世界遺産ならではの島の生態系にふれられる。これも貴重な体験だ。

ナイト・ツアーはほかにも催行する業者は多いが、パット・インでは、ひとりでも催行してくれるし、料金も同じ（これはヒストリー・ツアーでも同様だ）。ひとり旅にやさしい条件なのがうれしい。

3泊4日の島滞在を満喫するためのコツ

繁忙期を除く基本的な「一航海」では島に3泊する。午前11時着、午後3時発なので、中日が丸2日間あり、初日と最終日にも半日ずつ時間がある。

時間がたっぷりあるようで、アクティビティや見どころが豊富な小笠原では、やりたいことを計画していくと、意外に時間が足りないことに気づくはず。事前にしっかりプランを立てておきたい。

海は興味ない、というのでなければ、中日は海で1日、陸で1日がおすすめだ。私はダイバーなので、海ではもっぱらダイビングだが、もちろんシュノーケリングツアーでも充分楽しめる。

小笠原の海域はイルカの遭遇率が高く、多くのシュケーリングツアーで、イルカに遭遇すると、ドルフィンスイムが楽しめるオプションがある。マスクとシュノーケルをつけて、イルカと一緒に泳ぐ感動体験だ。

ダイビングのポイントに行く途中で、イルカの群れがあらわれ、突然、ドルフィンスイムが始まることもある。

最初は状況が飲み込めず、かなり慌てたことを覚えている。ダイビングの装備ではなく、シュノーケリングの準備をして海に飛び込むのである。

ダイビングの行き帰りでイルカに遭遇することはときどきあるが、イルカが出たら、船上から見るだけでなく、海に飛び込み一緒に泳ぐというのは、小笠原ならではの体験だった。ドルフィンスイムが、ダイビングやシュノーケリングのおまけについてくる感じなのだ。

シュノーケリングツアーでは、無人島の南島に上陸するものもあり、こちらも人気である。白い石灰岩と青い海がおりなす風景は、まさに絶景だ。

マリンアクティビティの業者は多いので、内容や料金を確認した上で、事前に予約しておくのがいい。

シュノーケリングに適した季節は、4月から11月まで。ウエットスーツを着用すれば冬でも可能である。ちなみに冬の小笠原はザトウクジラが回遊し、ホエールウオッチングが楽しめる。


陸のアクティビティでイチオシなのが、ハートロックをめざすトレッキングである。ハートロックとは、父島の南端にある「千尋岩《ちひろいわ》」の愛称だ。断崖にV字に切れ込んだ断層があり、雨などによって流れ込んだ赤土がそこを染め上げ、大きなハートに見えることから、こう呼ばれる。

イチオシの理由としては、まずハートロックの頂上からの眺望が素晴らしいことがあげられる。ボニンブルーの海を俯瞰《ふかん》できるのだ。運がよければ、ここからイルカやクジラが見えることもある。

さらに父島の南部は道路も通じていない秘境であり、ガイドつきのツアーならではの場所を案内してもらえる。ガジュマルの巨木があったりと、戦跡があったり、昔の住居跡があったり、自然だけではない、小笠原の歴史の一端にもふれられる。

ちなみにトレッキングは、冬のほうが涼しくてラクである。夏に行く場合は、暑さ対策をしっかりすることが肝心だ。

ハートロックの頂上から海を見おろす。手前の土が色濃くなっている部分を遠くから見ると、ハートのかたちになる。

ハートロックのトレッキングも多くの業者が手がけている。私が参加したのは、マルベリーという会社だった。

ここの長所は、ほかのツアーより出発時間がやや早く（午前8時）、ハートロックに早めの時間に到着できること。たいていここでランチタイムになるので、よりいい場所で休憩できる。出港日のツアーもあり、出港前の午後2時半に二見港まで送迎してくれる。

マルベリーのガイド、吉井さんの案内もよかった。特に印象に残っているのだ、小笠原だ世界自然遺産になった理由のひとつが、米軍とわずかな欧米系島民しかいなかった戦後の一時期があったことだという話だった。周囲から隔絶され、人が少なかったこの時期に、戦争中に人口が増えて負荷がかかった自然が回復したというのだ。

数奇な歴史があったからこそ、小笠原の今の自然がある。


中日の丸2日のプランを決めたら、入出港日の過ごし方も考えておこう。

前に紹介したように、パット・インの宿泊ならば、入港日のイチオシは「アイランド・ヒストリー・ツアー」である。父島の中心部に点在している歴史的名所を巡るので全体の地理感覚をつかむのにも適している。

最終日の出港日には、初日に気になったところを自由に歩くのもいい。

島内には村営バスがあり、主なポイントは網羅《もうら》しているので、少し遠くに足を延ばす場合は上手に利用したい。

ただし、便数は少ないので、利用する場合は、発着時間をチェックしておく必要がある。

大村地区には、メイン通りとボニン通りという2本の通りがあって、主な商店や飲食店は、これらの通りに面している。メイン通りにあるJA農産物観光直売所は、お土産を買うのにおすすめだ。

父島と母島の農産品とそれらを使ったジャムやお菓子などを販売している。島レモンとパッションフルーツが有名で、特に島レモンは、加工品の種類が多い。

「アイランド・ヒストリー・ツアー」に含まれていない見どころとしては、メイン通りの終点あたりに聖ジョージ教会がある。その少し手前、海岸沿いにある小笠原ビジターセンターも興味深い。最終日に、ここで知識の整理をすると、小笠原の魅力が再確認できる。

「おが丸」中心に事がまわる小笠原では、入出港日に選択できる半日ツアーもいろいろあるので、がっつり遊びたい場合の選択肢も豊富である。ちなみに「おが丸」はシャワー完備なので、乗船してからシャワーを浴びるという手もある。

太平洋に沈む夕陽を見に行きたい

もうひとつ、父島でのスケジュールにぜひ加えたいのがサンセットである。

ウェザーステーションから見た夕陽。帰路は暗くなるが、夕陽見物客がぞろぞろ一緒に戻るので、ひとり旅でも心配ない。

私が行ったのは、通称「ウェザーステーション」と呼ばれる展望台だ。三日月山展望台とも言われる。「パット・イン」の「アイランド・ヒストリー・ツアー」でも、日中に二見港を見おろすポイントとして訪問するが、夕陽の名所としても知られている。

夕陽を見に行きたいと思っていたところ、「パット・イン」で知り合ったひとり旅の女性に「グリーン・フラッシュを見に行かないか」と誘われたのがここだった。

グリーン・フラッシュとは、夕陽が海に沈む瞬間、水平線が緑色に光る現象のこと。雲が水平線になく、空気が澄んでいることなど、さまざまな条件が必要なのだが、運がよければ、ウェザーステーションから望めると聞かされた。

9日間に延びた滞在の最終日、台風の影響はすっかりなくなり、夕方には天気が回復していた。夕陽への期待が高まる。

ウェザーステーションまでは、二見港から歩いて登ると35分ほどである。私たちは、日の高いうちから登り始めたが、到着すると、すでに多くの人が日没を待っていた。みな口々に「グリーン・フラッシュが見られるかな」と話している。

私たちも、わくわくしながら日没を待った。水平線には雲が多く、残念ながらグリーン・フラッシュは見られなかった。だが、空と海がオレンジ色に染まる夕陽は美しかった。忘れがたい小笠原の思い出として胸に焼きついている。

太陽の沈む場所は時期によって変わる。そのため、サンセットは季節でポイントが変わるのだが、ウェザーステーションは2月下旬から9月下旬までとシーズンが長い。「パット・イン」に近い製氷海岸は、10月から2月までがシーズンなので、冬に小笠原を訪れた場合は、こちらがおすすめだ。

このほか、境浦海岸が3月から5月下旬までと、8月中旬から10月中旬まで、扇浦海岸は3月下旬から8月までがシーズンである。これらの海岸へは、夕陽の時間にあわせた村営バスが運行されている。

夏のシーズンは夕陽のポイントの数が多いので、日替わりで違う場所に出かけるのもいい。

名物料理は海ガメと島寿司

最後に小笠原ならではのグルメを紹介しておこう。

日本領土としての歴史が短い小笠原には、昔ながらの郷土料理が少ない。明治以降、欧米系の次にやって来た人たちを「旧島民」と呼ぶが、伊豆諸島や大正以降に日本領土になった南洋諸島（サイパンなど）から移住した人たちが多かった。

そのため、伊豆諸島の郷土料理として知られる「島寿司」が小笠原でも名物になっている。島寿司は、地魚を漬《づ》けにして、わさびではなく辛子をつけるのがポイント。辛子を使うのは、離島ではわさびが手に入らなかったからだという。

大村地区にあるその名も「島寿司」という名前の寿司屋がおすすめだ。島寿司はお持ち帰りもできる。出港日にここで島寿司を買い、船内の夕食にするのが、リピーターの定番パターンだという。

店内で食べるのであれば、島寿司と島魚の握りの盛り合わせ「小笠原寿司」か、島寿司と海ガメの握りの盛り合わせ「しまかめ」が人気だ。

えっ、海ガメ？

小笠原でしか食べられないグルメの筆頭が、実は海ガメなのである。父島では「島寿司」に限らず、多くの飲食店で、海ガメ料理を食べることができる。

小笠原は日本最大のアオウミガメの繁殖地として知られる。もちろん絶滅危惧《きぐ》種なのだが、長年にわたり卵のふ化と子ガメの放流を行ってきたこともあり、伝統的な食文化ということで年間135頭の捕獲が認められている。漁期は3月から5月までで捕獲後に冷凍保存される。季節限定の食材だが、夏の時期であればまだ食べられるだろう。

カメ寿司のほか、刺身やカメ煮と呼ばれる煮込みにして食べる。

刺身は馬肉に似ているが、馬肉よりもあっさりして淡泊な感じ。内臓と共に煮込むカメ煮は、モツ煮のような感じで、店によってレシピが異なる。

海ガメは好みが分かれるが、私は刺身が好き。味だけで言うならば、マグロのほうがおいしいと思うが、メニューで見つけると、ついつい注文してしまうのは、小笠原ならではのグルメという特別感のせいだろうか。

海ガメは、最初の定住者であるナサニエル・セイヴァリーたちや、島に流れついた漂流者も食料にしたとの記録がある。まさに小笠原のソウルフードなのだ。

第4章

「目的がある旅」こそひとり旅

知床

知床は大型野生動物の宝庫

知床《しれとこ》は、ユネスコの世界自然遺産であり、日本の中で自然豊かな場所の筆頭である。日本の世界自然遺産は、先に紹介した小笠原のほか、白神山地、屋久島、知床、そして最も新しく追加された「奄美大島、徳之島、沖縄島北部及び西表島《いりおもてじま》」の5つがある。私はそのうち白神山地と知床だけ行ったことがなかった。

とりわけ知床に行きたいと思ったのは、日本では珍しい大型野生動物が生息する自然があるエリアだからだ。アフリカのサファリの虜になって何度となく行き、カナダではホッキョクグマを観察するツアーにも参加した。

自然環境や生息する動物が知床に共通するカナダに行ったとき、日本の野生動物について質問されて、日本にも知床があるではないか、と気づかされたのだった。

だが、知床のような秘境系の目的地への旅は、なかなか同行者は見つからない。見つかったとしても、遠くて日数もかかるし、現地のベストシーズンとそれぞれのスケジュールのすりあわせも難しい。小笠原などの離島と同じである。ならば、ひとりで行ってしまったほうがいい。

大自然の中で野生動物を見たい、といった目的がはっきりしている旅は、実はひとり旅向きである。同行者とおしゃべりなんかしている場合ではないからである。


知床に興味を持ったもうひとつのきっかけは、軽井沢を拠点にネイチャーツアーやツキノワグマの保護管理プロジェクトを実践しているピッキオが、２０１９年に知床でも活動を始めたことだった。

ピッキオは１９９２年、軽井沢の星野リゾートに誕生した「野鳥研究室」を前身とする。ネイチャーツアーが行われる「国設軽井沢野鳥の森」は、星野リゾートの敷地に隣接する。その昔、星野温泉として知られていた時代、「日本野鳥の会」創設者の中西悟堂《ごどう》が「日本三大野鳥生息地」と呼んだ場所だった。

「野鳥研究室」をイタリア語で「きつつき」を意味する「ピッキオ」に改称したのが95年のこと。その年から始まったのが「ムササビ観察ツアー（現在は「空飛ぶムササビウオッチング」）」である。

森に巣箱をかけ、中にカメラを仕掛けて生態を調査研究した結果、ムササビの飛ぶタイミングや飛行ルートの把握に成功。95％以上という高い確率で、夕暮れの森を滑空《かっくう》するムササビを観察することができるようになった。

夜の空を滑空するムササビを見た感動を思い出し、知床への期待が高まった。

観光の拠点はウトロ温泉

知床とは、北海道東部の斜里町《しゃりちょう》と羅臼町《らうすちょう》にまたがる、オホーツク海の南端に突き出た半島のことをさす。観光の拠点となるのは、斜里町のウトロ温泉。ウトロから半島を横断すると根室海峡側の羅臼町があり、こちらを拠点とするアクティビティもある。半島の先端には車道もなく、手つかずの大自然が残る。

玄関口となるのは女満別空港《めまんべつ》、もしくはJRの網走駅《あばしり》になる。女満別空港へは羽田、中部、札幌（新千歳／丘珠《おかだま》）の4路線が就航している。空港や駅でレンタカーを借りるのが最も機動性はいいのだが、夏と冬の観光シーズンであれば、女満別空港から1日2往復、網走経由でウトロ温泉行きの「知床エアポートライナー」という直行バスがある。羅臼にアクセスするのなら中標津《なかしべつ》空港が近い。ただし、札幌（新千歳／丘珠）と羽田の3路線のみで、羽田発着はANAが1日1便だけ。羅臼までの直行バスもあるが、フライトの便数が少ないのが難である。

知床の観光は、大きく分けて、トレッキングなどの陸のアクティビティと、海から半島にアプローチして野生動物を探すクルーズの2つからなる。

クルーズは、ウトロ起点の西海岸のコースと羅臼起点の東海岸のコースがあり、両方体験することで、世界遺産の知床半島の全貌《ぜんぼう》を知ることができる。陸と海、ウトロと羅臼、それぞれを組み合わせることで、立体的に知床半島を知ることが可能になるのだ。

陸上のアクティビティは、ウトロを起点としたものが多いので、宿泊はウトロが便利。だが、レンタカーでない場合、ウトロと羅臼を結ぶバスの便数が少ないので、羅臼のアクティビティに参加する日は移動して、港やバスターミナルに近い羅臼の街中に泊まるのが効率的である。

ウトロ温泉の宿は「北こぶし知床ホテル&リゾート」が、設備が整っていてサービスもよく快適だ。温泉大浴場のほか、眺めのよい足湯もある。

クルーズが発着する港やバスターミナルに近く、セブン-イレブンや北海道のご当地コンビニであるセイコーマートも目の前にある。さらにピッキオ知床の事務所も斜《はす》向かいである。

ひとり旅にはお値段がやや高めだが、宿泊料金がラウンジやレストランでの飲み物(アルコール飲料含む)、スイーツが好きなだけ楽しめるオールインクルーシブ制なので、特にお酒を飲む人にとってはコスパがいい。

ホテルには、デンマークの本格的なショコラトリー「ピーターバイヤー知床」が併設されていて、手作りチョコレートやアイスクリームをモダンなインテリアの店内で食べられる。

アクティビティで体を動かした後の濃厚なチョコレートは、疲れをいっぺんに吹き飛ばしてくれる。

海からヒグマを探す、ドキドキのクルーズ

知床で一番見てみたい野生動物はヒグマだ。

知床半島の沿岸を航行するクルーズでは、かなり高い確率でヒグマを観察することができる。まず初日に参加したのは、ウトロから小型船が就航しているゴジラ岩観光の「ルシャコース」である。

「ゴジラ岩」とは船が発着する港にそびえるゴジラによく似た岩のこと。この岩から社名をとったらしい。知床半島のクルーズでは大手で、羅臼でもクルーズを運航している。

ヒグマがよくあらわれる「ルシャ湾」まで約2時間で往復する。半島の先端まで行く「知床岬コース」もあったが、こちらのコースに参加しても、ヒグマの目撃はルシャが多いとのことで「ルシャコース」にした。

私が知床に行ったのは7月。全国的な猛暑は北の果てにまで影響していて、夏でも海上では防寒着が必要と聞いていたのに、薄手の長袖シャツ1枚でちょうどよかった。

カムイワッカ湯の滝。ヒグマがよく出没すると聞いて期待したが、残念ながら姿をあらわさなかった。

ゴジラ岩観光のウェブサイトによれば、7月のヒグマ平均出現率は約85%。クルーズの運航率のほうがずっと低くて、約47%だった。海況が悪ければ船は出港しないのだ。2022年4月の事故もあり、クルーズの安全管理は徹底している。

海は、べた凪《なぎ》だった。天候だけは申し分ない。

寒いどころか、デッキに吹く風が心地よい。日差しが強く、風がなければ暑いくらいだった。断崖絶壁が海にそそり立つ。人家や人の気配はなく、あらためて知床半島は秘境なのだと実感する。

海に硫黄泉が注ぎ込むカムイワッカ湯の滝をすぎると、まもなくルシャ湾である。

カメラを抱えて、デッキから目をこらす。海から断崖が立ち上がる地形が多いのだが、このあたりは平らな海岸があり、ヒグマが歩く姿がよく見られるという。

ところが、この日は、最後まで一頭も姿をあらわさなかった。

今度こそのリベンジで参加したのが、知床らうすリンクルの「知床岬ヒグマボートクルーズ」だった。羅臼の相泊漁港《あいどまりぎょこう》から小型ボートで出港し、ルシャコースとは反対側の東海岸を知床岬に向かう。さらに高確率でヒグマを目撃できるという。

ボートが小さいぶん、海も海岸線も近くに感じる。

船長は昆布やサケ、イカなど、羅臼沖での漁業経験が40年以上という漁師さん。羅臼の海を知り尽くした船長の操船《そうせん》は心強い。

まず見えてきたのは、テレビドラマ『北の国から　2002遺言』でロケ地となった「純の番屋」だ。その昔は、こうした番屋で寝泊まりしながら昆布漁を行ったという。

出港時の曇天《どんてん》が、にわかに晴れ始めた。

夏の羅臼はウトロより気温が下がる。このクルーズこそ、夏でも寒くなるからと、ウインドブレーカーにレインパンツまで重ね着して出発したのだが、暑い……。

耐えかねて、ウインドブレーカーの下に着込んだダウンベストを脱ぐ。明らかに異常気象である。

「おかしいなあ」

羅臼からのクルーズで出会ったキタキツネ。船でさんざん追いかけたせいか、ちょっと怒ったような表情に見える。

船長がつぶやいた。ヒグマがよく目撃されるという海岸や岸壁をまわるが、全然いない。この暑さが影響しているのかもしれない。

知床岬の突端まで来ると、もあっとした熱風のような風が吹いてくる。

「ウトロの風だね」

羅臼より気温が高い西海岸の風が岬から流れてきていた。

その後もヒグマは姿をあらわさなかった。意気消沈した私たちの目の前に出没したのは、キタキツネだった。海岸べりをゆうゆうと歩いていたが、私たちのボートを警戒したのか、足早に岩場の陰に消えていった。

走り去ったキタキツネを追いかける。小型ボートならではの機動力である。もう一度キタキツネの姿を見つけて、愛らしい表情をカメラにおさめた。

結局、クルーズの収穫はキタキツネとウミウなどの鳥類だけ。残念だったが、相手は野生動物なのだから仕方ない。異常気象の暑さが原因なのだろう。

本来ならば、7月も決して悪いシーズンではないのだが、春先の5～6月と、秋口の9月にヒグマの平均出現率は上がるという。次にまた来る楽しみが増えた点では、よかったのかもしれない。

シャチの群れに遭遇し、船上は興奮のるつぼに

羅臼からもうひとつクルーズに参加した。ゴジラ岩観光の「ホエール・バードウォッチングクルーズ」だ。7月だと最も遭遇率が高いのがマッコウクジラである。

ホエールウォッチングは沖縄の座間味島《ざまみじま》とオーストラリアのフレーザー島で経験があり、ザトウクジラを見たことがある。

マッコウクジラのほうが大きく、四角い頭が特徴だ。見たことのないマッコウクジラに期待感が高まる。

出発してまもなく、船のスタッフから説明があった。

「今日は午前中の便でシャチの群れが見つかっています。それを見に行きます」

羅臼沖に姿をあらわしたシャチの群れ。白黒のコントラストが鮮やかなアイパッチが見えた瞬間に、船上は興奮のるつぼと化した。

シャチも見たことはない。7月のシャチ遭遇率はそれほど高くないので、これはこれでラッキーということだ。

しばらくすると、海上の波間に黒っぽい背びれのようなものが見えてきた。

早速、シャチの群れとの遭遇である。

シャチはイルカの仲間だが、大きさはクジラに近い。海洋における食物連鎖の頂点に立ち、肉食性が強い。アイヌ語では「レプンカムイ（沖の神）」と呼ばれている。知床の海を代表する最強の野生動物だ。背は黒、腹は白と、白黒のコントラストが鮮やかで、顔の横に「アイパッチ」と呼ばれる白い斑点がある。

シャチらしい白黒の姿を見るには、ジャンプの瞬間を待つしかない。

「あっ、跳《と》んだ」

ところが、狙っていたのと逆の方角で、シャッターが間に合わない。

ほかの観光船もみんなシャチの群れの周辺に集結している。背びれや尻尾はいくらでも見えるのだが、なかなかジャンプはしない。

ようやくシャチが頭を半分くらい出したところをとらえて、アイパッチがしっかり見える写真を撮ることができた。約2時間半のクルーズの大半をシャチとの追いかけっこに費やした。大満足のクルーズだった。

ヒグマが出たらツアー中止の知床五湖

原生林に点在する5つの湖を「地上遊歩道」で巡ることができる知床五湖は、湖の彼方に知床連山を望む、知床では外せない景勝地である。

クルーズでは、ヒグマの出没を熱望したが、知床五湖では、遊歩道にヒグマが出たら引き返し&遊歩道閉鎖のルールがあるので、湖を全部見ることができなくなる。ここでは逆にヒグマが出ないことを祈って出発する。

5つの湖を訪れるには、時期によって異なるルールがある。「利用調整地区」という自然公園法の制度が適用されているからだ。立ち入りに許可制で、利用者数の上限があり、手数料を支払わなければならない。

コロナ後のハワイのハナウマ湾など、世界でこうしたルールがあるところはたくさんあるが、日本でこの制度が導入されているのは、ここと吉野熊野国立公園の西大台地区の2カ所だけである。

シーズン中（開園は4月下旬から11月上旬まで）であれば、誰でも自由に無料で行けるのは、高架になっていてヒグマの危険がない高架木道《こうかもくどう》に限られる。

全長800メートルの平坦な木道は、車椅子やベビーカーでもOK。お手軽ではあるけれど、5つある湖のうち、ひとつだけしか見ることはできない。

地上遊歩道については、開園から5月9日までと、8月1日から閉園までの「植生保護期」と、5月10日から7月31日までの「ヒグマ活動期」でルールが異なる。

「植生保護期」は「知床五湖フィールドハウス」で10分間のレクチャー（有料）を受ければ、自由に散策することができる。一方「ヒグマ活動期」はネイチャーガイドの引率（有料のツアーに参加）がなければ遊歩道は歩けない。

私が行ったのは7月中旬の「ヒグマ活動期」。先に紹介したピッキオの「知床五湖トレッキングツアー」に参加して、5つの湖をすべてまわる全長3キロメートルの「大ループ」を約3時間かけて歩いた。

2つ目の湖まで行く往復1・6キロメートルの「小ループ」のコースもあるが、どちらのガイドツアーも事前予約制なので、どうせなら大ループのほうがいい。

ガイドツアーに参加して、知床五湖のトレッキングに出発。

ガイドツアーは1グループ10人まで、出発は10〜20分おき、湖の展望台など、チェックポイントごとに通過時間も決まっている。

窮屈《きゅうくつ》な感じがするが、このルールがあるからこそ、それぞれの場所に10人以上の人が滞留することがなく、写真もゆっくり撮れる。

混雑と無縁で楽しめるのは「ヒグマ活動期」のガイドツアーならではである。

大ループのトレッキングは、最初に5番目の五湖に向かう。その昔は数字通りの順番だったらしいが、現在では、五湖からの逆回りである。

森の入り口で、ガイドがパンパンと手を叩いて大きな声をあげる。クマ鈴と同じく、ヒグマに人の存在を知らせるのが目的だ。クマも人との遭遇を望んではいない。クマと遭遇した場合の対処法はレクチャーで習うが、そうは言っても、ひとりで会ったら怖い。その意味でも、ひとり旅では、なおさらガイドツアーが安心である。

最初に見えてくるのが一番小さな五湖である。ひっそりとたたずむ秘境感はあるが、知床連山は森の彼方で、風景の抜けはあまりよくない。山並みが美しく見えて写真映えするのは四湖である。その日は、ほぼ無風。鏡のような湖に映った逆さ知床連山が美しかった。

同行のネイチャーガイドはトランシーバーを持っていて、無線本部やほかのガイドと随時、通過時間やクマ情報をやりとりする。三湖に向かう途中で「クマが出たみたいです」のひと言にドキッとした。

こういう場合、クマを発見したネイチャーガイドが引き返すかどうかの判断をするらしい。クマは森に消えたので「ツアー続行」となった。ほっと胸をなでおろす。

湖の中央に浮島がある三湖と最後に一番大きな二湖を見て、地上遊歩道は終わる。

途中、ほとんど人に会わなかった。クマとの遭遇にドキドキしながら巡った小さな湖は、ひとつひとつが微妙に違う表情を持っている。

せっかく知床五湖に行くのなら、高架木道の上から簡単に見ることのできる一湖だけで帰ってしまうのはもったいない。

ガイドつきでなければ入ることができない原生林トレッキング

もうひとつ参加したネイチャーツアーが「知床原生林&断崖絶景トレッキング」だ。ガイドつきでなければ入ることができない原生林には、遊歩道などない。目印のない、いわば「けもの道」をガイドの先導で歩く。

この周辺は、かつて開拓者が入植を試みた歴史もあるという。だが、自然の厳しさに開拓者はすべて去った。その跡地が乱開発されることを防ぎ、原始の森を再生するために1977年から始まったのが「しれとこ100平方メートル運動」だ。

寄付を募り、100平方メートルずつ、土地を買い上げて、再び木を植えていった。トレッキングで歩くのは、その運動の拠点となった場所の近くである。

原生林で遭遇したエゾシカ。シャッターを押した次の瞬間、森に逃げていった。

森の入り口で、茂みの中から顔を出すエゾシカに遭遇した。こっちもびっくりしたが、シカもびっくりしている。写真を1枚撮った次の瞬間、森に消えていった。

人の手が入った過去のあるところから、手つかずの原生林に入って行く。常緑針葉樹のトドマツが大半を占め、ミズナラなどの落葉広葉樹が混じる。

森を抜けた先に海が開けた。初日にクルーズで海から見た滝だ。遠くに船が見えた。海から見上げた断崖絶壁の上に、こんな原生林があったのだ。

野生動物に遭遇できる夜のサファリツアー

最後の夜に「知床ナイトサファリツアー」に参加した。

野生動物は日没後に活動するものが多い。暗いので、写真を撮るのはなかなか難しいが、7月だとキタキツネはかなり高い確率で目撃できる。

ガイドの運転する車で、野生動物が出没しそうな場所を探しながら、ゆっくり進む。各自サーチライトを渡され、参加者も真剣に探す。

すると、道路に何か動くものがいる。キタキツネだった。羅臼のクルーズでも目撃したが、もっと近い。ライトを照らすと、表情もはっきり見える。まだ子どもなのだろうか、あどけない表情が可愛らしい。

ツアーの最後に橋の上からほかの動物を探していたとき、たまたま絶滅危惧種のシマフクロウを見た。

世界最大級のフクロウで、幼児くらいの大きさがある。まれにしか見ることはできないが、知床を象徴する野生動物のひとつだ。

暗くてはっきりは見えず、正確には、それらしき姿を見たという感じだったが、まさかの遭遇だった。

ちなみに、原生林で出会ったエゾシカの目撃率は春と秋が高いという。ひとり旅の場合は、混雑がなく、料金もあまり高くない5月か6月、または9月が狙い目かもしれない。

知床を旅してあらためて思ったのは、自然豊かなところは、ひとり旅ほどガイドツアーで行くのがいいということだ。

たとえば、ダイビングでは、決してひとりで潜ってはいけない「バディシステム」というルールがある。でも、ダイビングツアーに参加してガイドに案内してもらえば、ダイビングにひとりで行くこと自体は問題ない。

それと同じで、大型野生動物が出没するようなフィールドをひとりで歩くのはちょっと心配だが、専門家に案内してもらえば、ひとり旅でも問題ない。

もうひとつ、ガイドつきツアーは、説明してもらえるのがいい。自然観光は、知識があったほうがより楽しめる。

流氷がやってくる冬の知床

冬の知床は、夏とはまったく違う表情を見せる。その象徴が流氷である。

流氷ウォーキングでは、流氷の海に浸かった写真を撮るのが定番。ドライスーツは浮力があるので、できる技だ。しかも保温性が高く、寒さはほとんど感じない。

ロシアのアムール川から海に流れ出た水の一部が凍り、シベリアからの季節風や海流に乗って北海道に流れつく。

稚内《わっかない》から知床にいたる北海道の海岸線にやってくる流氷は、網走などほかのエリアでは観光船で見るのが一般的だが、知床には「流氷ウォーキング」というアクティビティがある。

防寒防水のドライスーツを着て、氷の上を歩くのだが、流氷が陸近くまでやってくるのはウトロだけなので、非常にレアな体験だ。

知床の流氷は、北半球で最も南の観測地点である。たとえば同じ緯度のヨーロッパに流氷はない。

野生動物の目撃が予測できないように、流氷が着岸する時期も特定できないが、毎年だいたい1月下旬から3月上旬までの1カ月半である。

知床の冬自体は長いのだが、流氷の季節はとても短い。そのぶんだけ観光客も集中するので、早めの計画が必要だ。

冬季はレンタカー利用もハードルが高くなるが、女満別空港からの知床エアポートライナーも流氷のシーズンにあわせて運行される。

この時期に楽しめるアクティビティは、流氷ウォーキングだけではない。夏と同じ原生林を、冬はガイドつきのスノーシュー（雪上を歩くための装備。スノーブーツに着装する）ツアーで訪れることができる。

原生林を抜けた先に、一面流氷に覆われた海が姿をあらわすのは感動の瞬間だ。流氷は間近で見るだけでなく、高台から俯瞰する景観も素晴らしい。

第5章

「ひとりアジア旅」の極意

ベトナム／ラオス

アジアひとり旅にすすめたい、世界遺産の古都ホイアン

コロナ禍に続く円安で海外旅行から足が遠のいている人もいるかもしれない。だが、テレビの情報番組で物価が高いと煽《あお》っているのは、たいていハワイやニューヨークで、そもそも全米でも突出して物価が高い都市である。そんな場所でラーメンが高いと言われても、それで海外旅行をNGにするのはどうかと思ってしまう。

円安と言っても、世界には、円が強い通貨（トルコリラなど）もあるし、アジア諸国の物価は、シンガポールや香港などを除けば、まだまだ安い。

昨今は日本の物価も上がっているので、ホテル代の高騰している東京と比較すれば、格安にラグジュアリーホテルに泊まれるところも多い。

お手軽なアジア旅というと、筆頭は韓国と台湾だろうが、特別な思い入れがないのならば、もう少し広い範囲に目を向けてはどうだろうか。

ひとり旅に向くと思うのは、大都会よりも徒歩でまわれる、規模のこぢんまりとした街だ。

私が好きなのは、ベトナムのホイアンとラオスのルアンパバーンである。いずれも世界遺産に登録された歴史ある古都で見どころが多く、治安がいいのでひとり歩きにも安心で、お洒落なカフェ巡りやアジアン雑貨のショッピングも楽しい。

まずは、日本から直行便があって行きやすいベトナムのホイアンを紹介しよう。

ホイアンの玄関口となるのは、ホーチミン、ハノイに次ぐベトナム第三の都市であるダナンだ。成田からベトナム航空が就航している。

成田を出発するのが午前9時と早いのが難だが、所要時間は約6時間。料金は燃油サーチャージ込みの往復で約7万円~とお手頃である。直行便が便利なのは言うまでもないが、ホーチミンなどを経由するＬＣＣであれば5万円以下のチケットも見つかる。

南北に長いベトナムは、地域によって気候も異なる。北部のハノイは、亜熱帯気候で、冬になると気温が下がり、沖縄に近い。

南部のホーチミンは熱帯気候で年間の平均気温はほぼ同じ、季節は雨季と乾季に分かれる。

ダナンは、ホーチミンに近いが、少し気温の差があり、雨季の時期がずれる。ホーチミンの雨季は6月から7月までだが、ダナンは9月から11月まで。ホイアンの気候はダナンとほぼ同じである。

ベストシーズンは、乾季の2月から9月まで。観光がメインならば、涼しい2月から4月まで、プールや海で泳ぐのなら気温が上がる5月以降がいい。

ダナンの国際空港からホイアンまでは車で約1時間の距離である。初めてのベトナムで心配であれば、到着時は旅行会社やホテルに送迎を依頼するのが安心だが、ダナンやホイアンでは、配車アプリのGrab（215ページ参照）が普及していて、安全かつ格安なのでうまく活用するといい。ダナンとホイアンは、ベトナムのほかの都市に比べて治安がいいので、ひとり旅でも安心だ。

ダナンは大都市でありながら、近年はビーチリゾートとしても人気があり、外資系のラグジュアリーホテルのほか、ホテルがよりどりみどりで選択肢が多い。

私が初めてホイアンを訪れたのは、ダナンのリゾートホテルに滞在していたときだった。ホイアンをめざした旅ではなく、リゾートステイのおまけとして訪れたのだが、世界遺産の街並みと、日暮れどき、街中のいたるところにランタンが灯っていく風景がとても印象的だった。

街をぶらぶら歩いて夕食をとって、あっという間に時間がすぎ、名残惜《なごり》しい気持ちでホテルに戻った記憶がある。次はホイアンに絶対に泊まろうと思ったのだが、ダナンのリゾートホテルステイの魅力も捨てがたく、いつも迷ってしまう。

ダナンのリゾートホテルに滞在するのもいい

ダナンとホイアンの中間地点という、いいとこ取りの便利な立地に、開業直後、建築マニアの間で話題になったホテルがある。「ナマン　リトリート」という、ベトナムの有名建築家が手がけたリゾートホテルだ。

建築家のヴォ・チョン・ギアは、日本の東京大学卒業。その最大の特徴は、竹を使った建築にある。

なんと言っても圧巻なのは「ヘイヘイレストラン」だ。

湾曲した竹の柱がグイーンと天井まで伸びている。しなる竹の特性を生かして、釘《くぎ》や接着剤を使わずに組み上げたという。見上げるように高い天井をアーチ状の柱が支える構造は、ヨーロッパの教会建築にも似ている。

それでいながら、すべては竹でできていて、まるで巨大な竹細工のよう。見たことのない異空間である。ここでブッフェスタイルの朝食が楽しめるのは、それだけで泊まる価値がある。

ランチとディナーはベトナム料理のレストランとなり、宿泊客以外でも利用できる。

ビーチに面したスイミングプールの隣にある「シティーニ・バー」も同じく竹建築で、「ヘイヘイレストラン」を少し小さくしたような感じ。家族連れで賑わうプールサイドでこの空間だけは、大人の雰

ナマン リトリートの「ヘイヘイレストラン」。芸術作品に迷い込んだよう。

囲気がある。

ビーチ沿いにはインターナショナル料理の「Bラウンジ」がある。水盤を囲むようにレイアウトされたソファ席は、白で統一され、インスタ映えすると人気が高い。カップルやグループ客が盛り上がっていると、ひとり旅にはちょっと居心地が悪いが、エアコンつきの屋内席もあるので、こちらであれば落ち着いて食事ができる。

客室は、戸建てのヴィラとスイートタイプのホテルルームからなる。お手頃なのはワンベッドルームの「ブリス・スイート」で1泊朝食つき1室約2万5000円〜、ヴィラだと約3万5000円台〜である。時期や予約サイトによって、さらにお得な料金が見つかることもある。

ホテルルームは、建築が話題を呼んで人気が出てから増築されたもので、部屋の広さは充分だが、リゾート感に少し欠ける。おすすめはヴィラだ。プライベートプールつきで、専有面積は100平方メートル。沖縄でこのクラスのヴィラに泊まったら10万円はする。

ガラス張りのオープンなバスルームは、友人同士の利用だと、裸が丸見えになってしまい、ちょっと恥ずかしいが、ひとり旅であれば、誰も見る人はいないから問題ない。

こうした丸見えタイプのバスルーム、実は海外のホテルにはよくある。主に欧米では、夫婦やカップルが裸を見せ合うのを喜びとするからだ。若くてピチピチのカップルに限定の感覚でもないようだ。

日本だったら躊躇《ちゅうちょ》するような年齢や体形でもビキニを着る女性が多く、それをパートナーの男性が微笑《ほほえ》ましく見ている。逆もまたしかりだ。日本人には、今ひとつ理解できない価値観かもしれない。でも、ひとり旅であれば話は別で、開放感たっぷりのバスタイムは一度体験すると癖になる。

ナマン　リトリートは、スパエリアの建築も秀逸だ。床と天井が真っ白な空間にスダレ状に熱帯植物が垂れ下がるエントランスホールは絵画的な美しさ。同じく垂れ下がった植物の緑に囲まれたリラクゼーションスペースも、楽園ムードたっぷりで、ここにいるだけで癒やされる。

スパメニューの種類もたくさんあり、60分のトリートメントで約7000円と、ホテルスパとしてはお手頃価格なのもありがたい。宿泊客でなくても利用可能なので、滞在がホイアンならば、ナマン　リトリートのハイライトである「ヘイへイレストラン」のランチとあわせて、日帰りでスパを楽しむのもいい。

貿易港として栄えたホイアンは日本との縁が深い

南シナ海に注ぐトゥボン川の沿岸に発展したホイアンは16世紀以降、ポルトガル人、オランダ人、中国人、日本人が来航して国際貿易港として栄えた歴史を持つ。日本との関わりは歴史の重要な部分を占めており、日本人が、日本人街と中国人街の往来を便利にするためにかけたとされる「日本橋」は、今もホイアンを象徴する観光名所だ。

そのホイアンの魅力を象徴するのが、ランタンである。中国式の提灯《ちょうちん》で、ホイアンで独自の進化を遂げた。折りたためるのが特徴で、お土産にもいい。日本の鎖国後、貿易の中心になった中国からもたらされたとする説が一般的だ。ベトナム人にとってランタンは縁起のよいものであり、家の前に吊《つる》すと幸運や富がもたらされるという信仰がある。

ホイアンでは、毎月、満月のタイミングで「ランタン祭り」が行われる。この日は、街中の照明が消され、暗闇にランタンだけが灯る。

とはいえ、混雑もするし、それ以外の日でも、日没後のホイアンは、いたるところにランタンが灯るので、祭りのタイミングに日程があわなくても大丈夫だ。通りに吊されたランタンのほか、川面《かわも》がランタンを灯した船で埋め尽くされる風景も見逃せない。観光客相手の船なのだが、必ずしも乗船しなくても、トゥボン川にかかる橋や川岸から眺めるだけで充分に楽しめる。

夕暮れどきのホイアン。ランタンを灯した船が川を埋め尽くす。

日本橋と、その対岸のナイトマーケットのあるあたりが、最もフォトジェニックだ。ただし、同時に最も混雑するところでもある。

団体客が繰り出してくるのは、日没の少し前くらいから。日没前後は、刻々と空の色が変化し、ホイアンが最も美しく輝く時間帯なので悩ましいところなのだが、日没後の混雑はすさまじく、人混みで疲れてしまう。したがってそこそこで退散し、ひとり旅の夕食はこの界隈から離れるほうがいい。中心部を離れても、川沿いには飲食店がたくさんある。

ホイアンには、小洒落たカフェ、アジアン雑貨やリゾートウエアを扱う店も多い。夕方以降は混雑するので、特にショッピングは日中に行くようにしている。

ベトナムでは、ホーチミン、ハノイといった大都会は、バイクや車の交通量が多く、信号のないところが多いので、道路を渡るのにも一苦労する。

バイクの波が途切れないときは、一定の速度で道路を渡り始めれば、向こうが停《と》まってくれると言われるのだが、命がけ感は否めない。だが、歩行者優先のホイアンでは、ストレスなくひとり歩きができる。

歩いてまわれるエリアにお店が集中しているのもありがたい。ホイアンでは、宿泊ホテルに帰る道の目印だけ覚えておいて、地図やグーグルマップにあまり頼らずに歩く。そうして見つけたショップのひとつが、ギンコという、Tシャツなどコットン製品を扱う店舗だった。

Tシャツが約5000円と、ベトナムにしては高価だが、ホイアンのランタンやベトナム文化のエッセンスを取り入れたデザインは気が利いていて、素材や縫製の品質も高い。何度か店に立ち寄って、日中の空いていそうな時間帯に試着をして購入を決めた。その都後になって検索してみて、ベトナムを代表するブランドであることを知った。その都市ごとに個性的なデザインを展開している。あてなく歩いて、こういう店に出会えるのもホイアンならではだと思う。

必ずおさえておきたいホイアンの観光名所

ぶらぶら街歩きが楽しいホイアンでは、ランタンが灯る夜の風景を除けば、必ずおさえておきたい名所は、日本にゆかりの日本橋である。また、歩いていると、小さなミュージアムや古民家（〇〇の家と表記されている）があって興味をそそられる。私が足を止めた「クアンタンの家」は華僑《かきょう》商人の家らしかった。

なかに入って行くと「チケット、チケット」と言われ、購入しようとすると、身振り手振りでここではない、と注意される。「パゴダ（お寺）の近く」と言われるが、よくわからない。さんざん迷ったあげくに、ようやくチケット売り場が見つかった。

12万ドン（約760円）で5カ所に入場できるチケットで、購入すると、見学場所を記した地図（日本語版もある）がもらえる。

チケット売り場が、それぞれの見学場所ではないというシステムはわかりにくいので

日本橋は、川に近いこの角度から見るのが一番きれいだ。

注意が必要だ。

　目当ての「クアンタンの家」に戻る途中で、私と同じようにチケットがないと追い出されていた欧米人観光客が途方に暮れていたので、場所を教えてあげた。「クアンタンの家」は拍子抜けするほど、こぢんまりとした民家だった。特に何があるというわけではないのだが、京町家にも似た細長い建物の構造がよくわかる。住人らしき人がいて、今も普通の生活が営まれている感じが好ましく、ほっこりした気持ちになる。

　古民家系では「フーン・フンの家」が大きくて見応えがあるが、こちらはガイドの土産物販売が商売熱心すぎて、ちょっと食傷気味になった。

　このほか行ってみてよかったのは福建会館だ。さまざまなエリアから来た中国人が住んでいたホイアンでは、中国の地方別の○○会館がたくさんあるが、カラフルで豪華な建物が目を引く福建会館は、内観の赤い柱が印象的で、とても写真映えする。

ミュージアム系では、民俗学博物館がホイアンの歴史にふれられて面白かった。日本橋も見学箇所のひとつだが、橋自体はチケットなしで渡れるし、チケットが必要なエリアは、たいして見るものがなく、入る必要はない。外観の見学も自由なので、日本橋で1枚使うのは無駄。5枚しかないチケットは、ほかの場所で使ったほうがいい。

ホイアンの三大名物料理とは

ホイアンのグルメと言えば、3つの名物料理が外せない。

まずは「カオラウ」という麺料理である。ベトナムと言えばフォーが有名だが、それとはだいぶ食感も味も違う。太めのつるんとした食感の汁なし麺で、具は豚肉ともやしなどの野菜と香草、揚げワンタン、それに甘辛いタレがかかっている。

なんとルーツは、日本の「伊勢うどん」だと言われている。太くて柔らかいうどんを濃い醤油《しょうゆ》ダレで食べる伊勢のソウルフードで、昔からお伊勢参りの人たちのエネルギー源になってきた。それが海を渡って、カオラウになったというのだ。

カフェ飯からホテルのレストランまで、ホイアンでは、あらゆる店のメニューにカオラウがあるが、せっかくならば専門店で食べたいと思い、検索して見つけたのが「Cao lầu Không Gian Xanh」だった。

日本橋に近い路地にある。地元の人もいれば、動画や写真の撮影に夢中の観光客もたくさんいる人気店のようだった。店内にはホイアンらしいランタンが吊されていて、威勢のよいおばさんがぐいぐいとセットメニューをすすめる。

ちなみに、カオラウは1人前4万ドン（約240円）。庶民的な食堂のベトナム料理は、このくらいの価格帯である。ベトナムの物価はまだまだ安いのだ。

甘辛ダレにベトナムらしい香草とライムが加わると、さっぱりした味わいになる。豚肉がのっているのでほどよいボリューム感もあり、食べ応えがある。フォーとは全然違う、癖になる一品だ。最近は日本でもベトナム料理店が増えているが、カオラウは、お目にかかったことがない。ベトナム国内でも、ほかの地方にはないのでぜひ。

2つ目の名物料理が「ホワイトローズ」である。

薄い米粉の皮にエビのすり身を包んだもので、ニンニクチップとニョクマムをつけて食べる。白い花が開いたような見た目から、この名前がある。

3つ目がカオラウの具にもなっていた揚げワンタンで、単品で食べる場合は、具の入ったワンタンにソースをつけて食べる。

これらも、ホテルのレストランから食堂まで、ホイアンであれば、どこにでもあるメニューだ。盛り合わせ前菜として提供されることもある。揚げワンタンは、ホイアンならではの特別感にやや欠けるが、ホワイトローズはほかでは食べられない名物料理である。

ホイアンのホテル選びのコツ

ホイアンのホテル選びを失敗しないためのポイントは2つである。

ひとつ目は、日本橋など旧市街の世界遺産エリアに徒歩でアクセスできること、2つ目は、ホイアンらしい旅情を味わうには川沿いのロケーションがいいということだ。

ラグジュアリーリゾートの多いダナンに比べ、ホイアンの、特に世界遺産エリアに徒歩でアクセスできるエリアは、小規模でリーズナブルな宿が多い。1万円以下でも、そこそこ快適なところが見つかる。

リゾート気分が楽しめるアナンタラ ホイアン リゾートのスイミングプール。

川沿いで、世界遺産エリアに徒歩圏内の快適なホテルのひとつが、「ホテル ロイヤル ホイアン ギャラリー」だ。以前は、フランスのアコーグループというホテルチェーンが展開するブランドのひとつ、Mギャラリーだった。

アコーのブランドには、シンガポールを本拠地とするラッフルズやラグジュアリーなアジアンリゾートのバンヤンツリー（日本では最近、京都に開業した）などが含まれる。

ちなみにMギャラリーは、日本では1号店が札幌に開業したばかりで、1泊3万円以上する。

ホイアンでは、Mギャラリーと同じスペックのホテルに、時期によっては1泊1万円台で泊まれてしまう。しかもロケーションも最高とあって、人気は高いので、予定が決まったら早めの予約がマストである。

ラグジュアリーホテルにお得に泊まれるホイアンならではの一軒として、「アナンタ

ラ ホイアン リゾート」がある。アナンタラは、タイのバンコクを拠点とするマイナーホテルズが運営するラグジュアリーホテルブランドだ。

日本への上陸はこれから予定されており、アジアを中心に世界各地にホテルがある。時期にもよるが、1室3万円前後からという宿泊料金は、アナンタラとしては、かなりリーズナブルである。

もちろん川沿いで、世界遺産エリアは歩いてすぐの距離にある。敷地内には、大きなスイミングプールもあり、ホイアンの街中に滞在しながら、リゾート気分も味わえる。

世界で一番行ってみたい国、ラオス

ひとり旅に向くもうひとつのアジアの古都が、ラオスのルアンパバーンである。

ラオスと言えば、村上春樹の紀行文集『ラオスにいったい何があるというんですか？』（文春文庫）を思い浮かべる人がいるかもしれない。

ラオスを知らない人は、ラオスに行くことがちょっと不安になってしまうような、ラオスを知る人にとっては、言い当てているなと思えるタイトルだ。

インドシナ半島の隣国、タイやベトナムに比べて知名度が低く、本のタイトル通りに突出した見どころもなく、国民性ものんびりしている。何をするでもないのだけれど、まったり、のんびりできるのがラオスのよさなのだ。

そこが長所として評価されたのだろう、日本でも盛岡や山口が高評価になって話題を呼んだニューヨーク・タイムズの「○○年に行くべき52カ所」ランキングで、2008年にラオスは1位に選ばれたことがある。

それがブームのきっかけとなり、まずやって来たのが欧米人観光客だった。

世界遺産の古都、ルアンパバーン

観光客の目的地となったのが、世界遺産のルアンパバーンである。

ベトナムはハノイもホーチミンも観光客に人気があって、その上でダナンとホイアンもありますよ、という感じなのだが、ラオスの場合は、観光目的で首都のビエンチャンに行く人は滅多にいない。ほとんどの観光客は、首都をすっ飛ばしてルアンパバーンに行く。村上春樹が行ったラオスも、やはりルアンパバーン(「ルアンプラバン」と表記されているが、どちらの表記も使われる）だった。

現在のラオスの祖であるラオ族のラーンサーン王国が１３５３年に都をおいたのが、ルアンパバーンだ。１５６０年に首都はビエンチャンに移ったが、その後も王家はここに残った。日本で言うと、京都のようなイメージだろうか。

内陸国のラオスには海がない。その代わりに交通の大動脈となっているのがメコン川だ。ルアンパバーンは、その母なるメコン川に面した街である。

ラオスは敬虔《けいけん》な仏教国である。タイも同じだが、ラオスのほうが生活の中に仏教が息づいている感はずっと強い。なかでも寺院が多く、街中に多くの僧侶の姿が見られるのが古都ルアンパバーンなのだ。

それを象徴するのが「托鉢《たくはつ》（僧が修行のため、専用の鉢を持ち、食べ物や金銭の施《ほどこ》しを鉢に受けてまわること）」である。仏教国であれば、どこでもある修行のかたちだが、ラオスでは今もそれが生活に根づいている。そのラオスで、最も大規模に托鉢が行われているのがルアンパバーンなのである。

ルアンパバーンの朝は托鉢体験から

ルアンパバーンでは、観光客も僧侶にお布施《ふせ》をするかたちで托鉢に参加できる。ここでしかできない、外せない観光のひとつと言っていい。

托鉢は日の出と共に始まる。

時間の目安は、午前5時半から6時半。陽が短い11～2月は少し遅くなる。オレンジ色の袈裟《けさ》をまとった僧侶が列をなす様子は圧巻。幼い少年僧もいて愛らしい。ルアンパバーンを象徴する風景である。

サッカリン通りからシーサワンウォン通りにかけてと、もう1本メコン川側のクンスワー通りが、大規模な托鉢、つまり僧侶の人数が多い托鉢を見ることができる場所になる。ほかの通りでも小規模な托鉢はあちこちで行われている。

托鉢観光は、遠目に僧侶の列を見るか、食べ物を実際に僧侶にお布施する体験に参加するか、2つの方法がある。2泊以上するのなら、1日は実際に体験し、1日は遠くから見学してゆっくり写真を撮るのがいいと思う。

お布施の食べ物は、ラオスの主食である「カオニャオ」という蒸したもち米が基本になる。そのほかにお菓子や果物など。宿泊ホテルで用意してもらえることもあるし、時間になると、小さな椅子を並べて観光客を待ち受けている「托鉢おばさん」のような人から買うこともできる。托鉢はひざまずいて行うのがマナー。小さな椅子は、慣れない観光客が托鉢しやすいようにという配慮である。

ルアンパバーンの托鉢体験。こんなふうに列をなして並ばれると、途中でお布施をやめるわけにいかなくなる。

ただし「托鉢おばさん」にはぼったくりも多い。

私は人生初の托鉢体験で、「托鉢おばさん」にまんまとやられてしまった。大規模な托鉢だと、次々と僧侶が来るので、あっという間にご飯がなくなってしまう。それを見計らって「托鉢おばさん」が追加のご飯を持って、いそいそとやってくる。

僧侶の列は途切れないし、手持ちのご飯はなくなるし、完全におばさんの思うつぼ。後になって、適当なところで、場所を離れるのがコツと教わったが、タイミングをはかるのは難しく、結果、法外な料金を払わされた。

托鉢が終わるのは、午前6時半頃。朝食にはまだ少し早いし、カフェなどもまだ開いていない。部屋に戻って一休みしてもいいが、朝の気持ちいい時間帯に二度寝してしまうのはもったいない。そこで、朝ランである。

常夏とはいえ、標高が300メートルくらいあり、川を渡る風は爽やか。東南アジアの都市としては、交通量が少ないこともあって、ルアンパバーンでは、観光客を含め朝にランニングをする人が多いのだ。

スピードをあげて飛ばす本格派ランナーもいるけれど、仲間同士おしゃべりをしながら走る人たちや、ウオーキングの人もいる。ランニングなんて無理という人は、散歩でもかまわない。

私が走ったのは、ツーリストインフォメーションセンターのある四つ角を起点に、メコン川の支流であるナムカーン川から本流へ向かって川沿いを走る定番コースである。まずはタラート・ダーラーという市場まで行き、ここで左に折れて、しばらく走るとナムカーン川が見えてくる。この先は川沿いを走ればいいので迷うことはない。つい立ち止まって写真を撮りたくなるフォトジェニックな風景が続く。半島の先をまわり込むようにして、メコン川沿いのマンタトゥーラート通りに入る。

この通りは、カフェも多いので、一休みしてもいい。午前8時頃にはカフェが開店する。この時間帯には、国立博物館から起点のツーリストインフォメーションセンターにかけての一帯では、ローカル色豊かな朝市も開かれている。

夕陽が美しいプーシーの丘

ルアンパバーンでは、早朝のほか、夕方以降も見どころが多い時間帯になる。

滞在中に一度は行ってみたいのが、プーシーの丘である。かつて2人の仙人が神様に導かれてこの山に辿りつき、ルアンパバーンを造ったという伝説がある。メコン川とナムカーン川に囲まれた街並みが一望できるポイントで、夕陽が美しい。

つまり、夕方のプーシーの丘は観光客で混雑するのだが、それでも、やはり一度は夕陽を眺めに行きたい、唯一無二の場所である。

登り口は3カ所ある。最もわかりやすいのに、国立博物館の向かい側で、山頂まで石段が続く。ほかの2つは、ナムカーン川沿いと、シーサワンウォン通りにある。後半の2つのルートは、なだらかな登り坂で、途中で合流する。黄金の仏像などの見どころがあって飽きない。

ガイドブックでは、国立博物館側から登り、反対側に降りるルートをすすめるものが多いが、私は逆のパターンのほうが好みだ。なぜなら、夕陽を見終わって、国立博物館方向に降りてくると、ちょうどこのあたりで、ナイトマーケットが始まる時間になるからだ。

プーシーの丘からの眺め。2つの川に狭まれたルアンパバーンの町の成り立ちがよくわかる。

ホイアン同様、ルアンパバーンもナイトマーケットが有名である。賑わいを見せるのは、もう少し後の時間帯だが、混雑を避けて、雰囲気だけ体験したいならば、日没後がいいかもしれない。

もうひとつ、夕暮れどきに体験したいのがサンセットクルーズだ。陸側から見るのとは、また違うメコン川の風景を見ることができる。

ラオス料理と郊外の見どころ

朝と夕方にがっつり観光をして、暑い日中はゆっくり過ごすのが、東南アジア流の旅スタイルだが、早朝に托鉢という一大イベントがあるルアンパバーンでは、特にその傾向が顕著になる。

観光名所としておさえておきたいのは、世界遺産を象徴する寺院、ワット・シェントーンと、国立博物館くらい。あとは、街自体もこぢんまりしてわかりやすいので、気の向くまま歩いてみると、何があるというのではないけれど、のどかな空気感がほっとする。ルアンパバーンのよさがなんとなくわかってくる。こういう瞬間は、ひとり旅ならではだと思う。

ナイトマーケットやショップでは、この周辺の少数民族であるモン族のテキスタイルやクラフトのカラフルな色使いと素朴なデザインが目を引く。

欧米人観光客に最初に注目されたせいもあるのだろう、小洒落たカフェや外国料理のレストランも多く、食事や休憩には困らない。

　ラオスはコーヒーの産地でもあり、カフェで飲むだけでなくお土産にもいい。

　私のお気に入りは、メコン川沿いのマンタトゥーラート通りにある「サフラン・コーヒー」だ。ルアンパバーン郊外の環境に配慮した自家農園で栽培したコーヒーが楽しめる。

　ラオス料理は、タイ北部の料理に近く、ベトナム料理の影響も受けている。最大の特徴は、托鉢で紹介した「カオニャオ」という蒸したもち米が主食であること。手にとって、軽く握ってからおかずと一緒に食べる。

小さな籠に入っているのが、ラオスの主食「カオニャオ（もち米）」。

最も代表的な料理は、挽肉とハーブを炒めた「ラープ」で、カオニャオにもよく合う。

　ルアンパバーンなど北部ならではの味としては「カオ・ソーイ」という麺料理がある。

　タイにもココナッツミルクとカレー風味のスープで食べる同じ名前の麺料理があるが、

それとは異なり、スパイシーな肉味噌味だ。

ルアンパバーンは郊外にも見どころが多いが、一番行く価値があると思うのが、タート・クワーンシーの滝である。目にも鮮やかな青い水をたたえた石灰華段丘《せっかいかだんきゅう》の景勝地だ。石灰水に含まれる沈殿物を総称して石灰華と呼ぶが、それが段々の棚のようになった地形が石灰華段丘である。

世界的には、トルコのパムッカレ、クロアチアのプリトヴィツェ、中国の黄龍《こうりゅう》などが有名。これらに比べると知名度は劣るが、美しさではまったく負けていない。ホテルや旅行会社の半日ツアーがいくつもあるので、車の快適性や料金を比べて選ぶといい。

ルアンパバーンのホテル選び

ホイアンと同じく、川沿いの古都であるルアンパバーンだが、ホテル事情はホイアンとは少し異なる。川沿いのホテルがそれほど多くなく、外資系などのラグジュアリーホテルもかなりあるのだが、郊外の立地の不便なところが多いことだ。

街中の立地とは思えない、広々としたアヴァニ＋ルアンパバーンのスイミングプール。底に敷かれた黒いタイルがスタイリッシュだ。

リゾートライフも捨てがたいが、世界遺産エリアを歩いて観光するルアンパバーンは街中の宿泊がやはり便利である。早朝の托鉢や夕暮れのプーシーの丘とナイトマーケットへのアクセスも、街中が一番なのは言うまでもない。

ホイアンで紹介したアナンタラと同じマイナーホテルズのブランド、「アヴァニ＋ルアンパバーン」は、それらの条件を満たした快適なホテルである。

朝ランで紹介したコースの起点、ツーリストインフォメーションセンターの前に立地。ナイトマーケットもすぐ近く、主要な観光地は徒歩圏である。托鉢は、なんとホテルの目の前で体験できる。托鉢のお供え物セットも宿泊客であれば無料で提供されるのもありがたい。アヴァニの宿泊であれば、「托鉢おばさん」にぼったくられる心配はない。

しかも、敷地内に一歩入ると、リゾート感あふれる大きなスイミングプールがあり、街中とは思えない、楽園のような別世界が広がる。本格的なスパもあるので、日中のまったりタイムにリフレッシュできる。

外資系のラグジュアリーホテルだが、料金はそこまで高くなく、オフシーズンであれば3万円くらいから。ちなみに、もう一軒ある街中に立地するラグジュアリーホテルは、ラグジュアリーリゾートとして有名なアマンの「アマンタカ」で、こちらは1泊20万円以上する。日本のアマン東京やアマン京都が1泊30万円以上であることを思えば、まだリーズナブルなのかもしれないが、いささかハードルが高すぎる。

もう少し手頃な料金で、というのなら、どこに行くにも便利な街中で、しかもメコン川に面した好ロケーションの「ザ ベル リヴ ブティックホテル」がある。メコン川を見おろすカフェ（宿泊客でなくても利用可能）での朝食は最高に気持ちいい。もうひとつ、このホテルのメリットは、メコン川のサンセットクルーズが料金に含まれていること。料金はオフシーズンであれば2万円台前半からである。

ちなみに、ルアンパバーンのベストシーズンは、雨が少ない乾季で涼しい季節でもある11月から2月までだ。それ以外がオフシーズンということになる。

乾季が快適なのは言うまでもないが、この時期はホテル料金がかなりあがる。雨季と乾季の違いを気にする欧米人（太陽が大好きなので、晴れが多い天候をより好む傾向がある）から火がついた観光地ゆえだろうか。

アジアのビーチリゾートは、雨季と乾季で料金が大きく変わるところが多く、プーケットなどはその典型。ルアンパバーンのホテルの価格差もプーケットに近い。だが、雨季と言っても、一日中雨が降るわけではないので、あえてオフシーズンを狙って、ホテルのランクをあげるという方法もある。

アクセスはベトナムかタイを経由する

玄関口となるルアンパバーン国際空港は、街中に近く、中心部まで車で15分くらいだ。ラオスはGrabやUberなどの配車アプリがまだ使えず、ローカルのアプリは外国人には使い勝手が悪い。もちろんタクシーはあり、問題なく利用できるが、到着時の送迎はホテルに依頼しておくと安心である。

それ以外の観光は、郊外に行く場合を除けば、ほぼ徒歩で問題ない。

ルアンパバーンまでのアクセスは、日本からの直行便はなく、ベトナムのハノイ経由か、タイのバンコク経由のルートになる。首都のビエンチャン経由も可能だけれど、一般的なルートではない。

日本からハノイとバンコクまでは、ＬＣＣを含むさまざまなエアラインが飛んでいるが、その先のルアンパバーンに就航しているのは、ベトナム航空、ラオス国営航空、もしくはバンコクエアウェイズになる。

コードシェア便（２０８ページ参照）を含む同じ航空会社で行けるのはハノイ経由のベトナム航空、もしくは、バンコク経由の日本航空、またはタイ国際航空である。

バンコク経由の場合は、いずれの航空会社もバンコクからルアンパバーンまでは、バンコクエアウェイズを利用する（日本航空もタイ国際航空もコードシェア便扱い）。

バンコクエアウェイズは「ブティックエアライン（小規模でお洒落なホテルをブティックホテルと呼ぶが、そのエアライン版という意味）」がキャッチフレーズで、大手航空会社ではないが、エコノミークラスでもラウンジが無料で利用できるなど、サービスがいいことで知られる。

バンコク経由の場合、安いのはＬＣＣを含めたルートだが、バンコクエアウェイズを使ったルートが安心感もあり、快適である。

ただし、いずれのルートでも乗り継ぎはあまりよくない。経由地の空港で待ち時間が長いことが多いのだ。ならば逆手にとって、経由地のハノイやバンコクで泊まる方法もある。復路の乗り継ぎが悪いケースが多いので、立ち寄るならば帰りのほうがいい。

空港近くのホテルで泊まるのなら、ハノイのほうがホテル代は安い。

一方、バンコクのスワンナプーム国際空港の周辺はホテルの数も多く、やや高めではあるが、スイミングプールやスパのあるリゾートホテルもある。

スワンナプーム国際空港近くならば、たとえば、無料シャトルバスのサービスのある「サイアム マンダリナ バンコク スワンナプーム エアポートホテル」はお得感がある。1万円台〜とリーズナブルな価格でありながら、スイミングプールとスパも揃っているし、近くにショッピングモールもあり、日帰りツアー（有料）のサービスもある。

どちらの都市も2泊以上するのなら、中心部のホテルを選んだほうがいい。活気あふれるハノイとバンコクは、まったりのんびりのルアンパバーンと好対照で、東南アジアの2つの顔が楽しめる。

第6章 「ひとりリゾート旅」は癖になる ● フィジー

ひとり旅なら、ハワイよりフィジー

なんとなく、の印象なのだが、ひとり旅に向かないと思う旅先のひとつがハワイだ。特にワイキキがそう思う。観光客が圧倒的な存在感を占めるあの街の雰囲気は、ひとり旅だと浮いてしまう気がする。ハワイが嫌いなわけでは決してないのだが、特別な目的がない限り、ひとり旅の行き先には選ばない。

年齢を重ねてからひとり旅でハワイを初めて訪れて、しっくりこなくて、旅の目的地にはふさわしい年齢があるのかもしれない、と書かれた本を読んだことがある。いやいや、それは、年齢じゃなくて、ひとり旅があわなかったのでは、と私は思った。

日常的に頻繁にハワイを訪れている人であれば、この限りではないのかもしれないが、やはり、ハワイは家族や友人などとわいわい行きたいところだ。

では、南の島のリゾート地は、どこもひとり旅に向かないのだろうか？

そんなことはない。ひとり旅を思わず計画してしまう南の島もある。

それがフィジーだ。なぜフィジーでひとり旅なのか。

ハワイに象徴される、楽園のような南の島々は、フィジーに限らずたくさんある。ダイビングやシュノーケリングが好きな私にとっては美しい海はまず重要な条件であり、フィジーはそれを満たしている。そして、もうひとつの理由が「人」なのかもしれない。

世界で一番幸せな国

私がフィジーに引きつけられる最大の理由は、フィジーの人たちの笑顔と底抜けの明るさにある。

特にそれを実感するのが、「ヴィレッジツアー」と呼ばれる、地元の村を訪れる機会だ。私たち観光客は生活の場に立ち入っている邪魔者のはずなのに、誰もがここに来てくれて、うれしくてたまらないといった表情で迎えてくれる。決して豊かな暮らしぶりではないのに、お金をねだったり、ものを売りつけることもない。こんな体験は、なかなかほかの国ではできない。

金銭的な豊かさとは別の尺度で、フィジーは幸せの国なのだろう。実はこれ、統計でも裏づけられている。

世界で一番幸せな国というと、国民総幸福量という指標を掲げたことで有名になったヒマラヤの小国ブータンがよく話題にのぼるが、フィジーもそうしたランキングに登場する国のひとつである。

世界の幸福度調査には、さまざまなものがあり、経済的な指標も含む国連による調査では、北欧諸国がトップを占めている。幸せの国、ブータンはインターネットの普及で、生活水準などがほかの国と比べられるようになり、近年順位を下げているという。

フィジーが世界で一番幸せな国と評価されたのは、スイスのWIN/Gallup Internationalによる主観的幸福度という調査だ。経済的な豊かさはさておき、自分が幸福と思うかという指標でフィジーは高いポイントをあげたのである。

ひとり旅にフィジーがいい理由は、これだけではない。

全般に物価が安く、お財布にやさしい点があげられる。ホテル代などがかさみがちのひとり旅にとって、これは大事なことだ。

チップ不要であることもありがたい。南太平洋はもともと文化的にチップの習慣がなかったのだが、ハワイはチップの習慣が根強いアメリカの州ということで、チップが習慣化している。

タヒチではサービス料が加算されることが多い。でも、フィジーは、昔ながらの南太平洋の習慣にのっとり、チップは必要ない。

成田発の直行便があるので、行きやすいこともメリットである。期間限定のセールを行うことも多く、燃油サーチャージが不要なのもありがたい。

ちなみに現在、フィジーエアウェイズは、往路が水曜日と土曜日、復路が火曜日と金曜日（日本着は翌日）の週2便運航。以前は往路が夜便、復路が日中便だったが、今は往復共にナイトフライト、早朝着の深夜発に変更になった。最短2泊5日（機中2泊）の弾丸旅行も可能だが、せっかく行くのなら8日間は日程を確保したい。

太平洋の島々からなるフィジー

フィジーは南太平洋に浮かぶ島々からなる国だ。

南太平洋には、大きく分けて3つのエリアがある。まずは、ハワイやタヒチ、ニュージーランドなどが含まれるポリネシア。最も広域で「たくさんの島々」という意味がある。日本から近いグアムやサイパン、パラオがあるのが「小さな島々」を意味するミクロネシア。そして、フィジーがあるのがメラネシアだ。「黒い島々」を意味し、黒い肌の人々が住むことから名づけられた。フィジーのほか、ニューカレドニア、バヌアツ、パプアニューギニアなどが含まれる。

熱帯気候の常夏の国だが、オーストラリアなどと同じく南半球なので、北半球とは季節の巡りが逆になる。5月から10月までがやや涼しくて雨が少ない乾季、11月から4月までが降雨量の多い雨季にあたる。ベストシーズンは乾季。太陽がのぼれば30度近くまで気温が上がるので、晴れていれば泳ぐのに問題はないが、朝晩は涼しく、20度を切ることもある。羽織るものはあったほうがいい。日本の夏に行くと、避暑の気分である。

雨季の時期にも何度となくフィジーを訪れているが、晴天に恵まれることも多く、雨ばかりで旅に支障があることはない。

ただし、サイクロンが発生する時期なので、運が悪いと当たってしまうリスクはある。

日本の夏から秋に台風が多いのと同じである。

フィジアンとインド人が共存する文化

同じメラネシアのニューカレドニアが、タヒチ（正確には仏領ポリネシア）と同じフランス自治領であるのに対して、フィジーは旧英国植民地の独立国である。公用語は英語。先住民のフィジアンと、植民地時代に同じ英植民地のインドから移民でやってきたインド系住民の人口がほぼ半分ずつで、政権も定期的に入れ替わってきた歴史がある。

多くの島々からなるが、中心となるのが一番大きな島であるビチレブ島だ。その東側に政治の中心である首都のスバがあり、西側に国際空港のある都市、ナンディがある。観光で訪れる場合、首都に行く機会はほとんどない。ナンディも街の中心部は滞在の拠点として一般的ではない。市街地にもホテルはあるが、リゾートホテルは郊外、特に離島への発着港でもあるデナラウ地区周辺に多い。

ナンディでの見どころは地元の食材が集まる市場やヒンズー教の寺院など。人口の半分をインド系住民が占めるので、同じくインド系住民の多いシンガポールと同じく、インド文化にふれられるのもフィジーの特徴だ。

市場でスパイスを買うこともできるし、ナンディにはインド料理店もたくさんある。本格的なインドカレーは、フィジーならではの食文化のひとつである。

地元フィジーの名物料理もある。私が一番好きなのは「ココンダ」だ。

新鮮な生の魚をレモン汁と塩でしめ、トマトやキュウリなどの野菜と共にココナッツミルクであえる。南太平洋全域にある料理で、タヒチでは「ポアソン・クリュ」と呼ぶ。ハワイではココナッツミルクではなく、醤油味の「ポケ」と呼ばれる料理になり、アメリカ大陸に行き着くと、「セビッチェ」と呼ばれるペルー料理になる。どこのレストランのメニューにもある定番料理で、爽《さわ》やかな風味がとてもおいしい。

フィジーの名物料理「ココンダ」はココナッツミルクを入れて仕上げる生魚料理。

もうひとつ、同じく南太平洋全般に共

通の名物料理がある。

地中に大きな穴を掘り、焼け石を入れた上にバナナの葉で包んだイモや肉などの食材をのせて蒸し焼きにする「ロボ」だ。調理器具も必要なく、自然の素材だけで完結する料理は、南太平洋の伝統そのもの。ハワイでは「イム」、タヒチでは「マアタヒチ」、ニューカレドニアでは「ブーニャ」、さらにパプアニューギニアでは「ムームー」、イースター島では「カラント」と、それぞれの名称で呼ばれている。

ハワイやタヒチでは観光客が食べる機会は少ないが、フィジーでは、敷地内で定期的にロボをふるまうリゾートホテルが多く、たいていブッフェスタイルで提供される。

南太平洋の文化が今も濃厚にあり、観光客がふれられる機会が多いのもフィジーの魅力である。

魔法の言葉は「ブラ」と「イサレイ」

フィジーの魅力を象徴する言葉が「ブラ」である。ハワイの「アロハ」に相当する、相手の健康を祈り、愛と友情で迎える挨拶《あいさつ》の言葉である。

一方、フィジーの「ブラ」は、もっとシンプルに相手に対する親愛の情を表現している。どちらも南太平洋ならではの温かな心という意味では共通するのだが、「ブラ」はより直球で、こちらの懐に飛び込んでくる。

Tシャツやお土産物に「アロハ」が氾濫《はんらん》しているハワイ同様、フィジーでも「ブラTシャツ」はお土産の定番だが、旅行中に呼びかけられたり、返答する回数を言うのなら、圧倒的にフィジーの「ブラ」に軍配があがる。特に通りかかっただけの人たちに声がけされる頻度は「ブラ」の圧勝と言っていい。

先にあげた「ヴィレッジツアー」では、まさに「ブラ」の嵐となる。

「ブラ」の存在感の大きさは、挨拶するときのパワフルさにもある。

村で出会った子どもたちは、ちぎれんばかりに手を振って「ブラ」「ブラ」と迎えてくれる。ラグビーの強豪国としても知られるフィジーは男も女も体格がいい人が多く、「ブラ」と握手されたときの握力に思わず「痛《い》てて」となった記憶もある。くしゃくしゃの笑顔がなんとも微笑ましかった、おじいちゃんの「ブラ」も忘れられない。

記憶の中にある「ブラ」は、どれも渾身《こんしん》の力が込められていて力強い。だから、こちらも大きな声で「ブラ」と挨拶を返す。気がつくと、すごく元気をもらっている。

もうひとつ、フィジーと言えば、忘れられない言葉がある。現地で必ず聴く歌の名前、「イサレイ」である。

イサレイは別れの歌である。船の出港時やリゾートホテルのチェックアウト時に歌う。柔らかく美しい旋律は、いかにも哀しげな別れの歌ではないのだが、一度聴くと、やけに耳に残るのは、歌われるシチュエーションのせいなのだろうか。

イサレイは、たいてい誰かがギターを奏で、手の空いたスタッフがわらわらと集まってきて歌ってくれるパターンが多い。

イサレイを歌う専門のチームがいるわけではない。それでも感動的なイサレイの大合唱になるのは、フィジアンは誰もが歌が好きで、しかも歌がうまいからだ。おまけに体格がいいから声量もある。

フィジーでは歌と踊りのことを「メケ」と呼ぶ。リゾートでは、先に紹介した伝統料理のロボとあわせて「メケショー」と称し、週に1、2回歌と踊りが披露されることが多い。

こうしたショーは南太平洋各地にあるが、ハワイのフラが女性的でたおやかなのに対し、フィジーのメケは、男も女も男性的でパワフルだ。
そしてメケの締めくくりにも、必ずイサレイが歌われる。
誕生日にホテルのスタッフが「ハッピーバースデー」を歌ってくれるサービスは世界中どこでもあるが、歌好きでパワフルなフィジアンによる「ハッピーバースデー」は大迫力で感動する。

万感の思いを込めて歌ってくれる「イサレイ」。これがあるから、またフィジーに行きたくなる。

大型リゾートホテルのレストランで、誰かの誕生日に遭遇したことがあるが、ケーキを運ぶスタッフが歌い始めると、あっという間にレストランにいたスタッフ全員の大合唱になって驚いたことがあった。歌が始まると、歌わずにいられない。ほかのテーブルのスタッフもサービスの手を止めて本気で歌ってしまう。それがフィジアンなのである。

そうした彼らのイサレイは本当に心に染みる。やさしいメロディーと共にフィジーで過ごした幸せな時間が走馬灯のようによみがえり、気がつくと、絶対にもう一度帰って来ようと心に誓っている。フィジーにリピーターが多い理由でもある。

あまりに気に入ってイサレイのCDを買って帰ったこともあった。「Isa Lei」と検索すればYouTubeや音楽配信アプリでも見つかる。でも、フィジーでないところで聴くイサレイは何かが違う。帰国してイサレイを聴くと、無性に本物のイサレイをまた聴きたくなってしまうのだ。

セレブ御用達の水、フィジーウォーター

フィジーは物価が安くリーズナブルな一方で、セレブがお忍びで泊まるような隠れ家リゾートも多く、そうした土地柄もあって、セレブ御用達《ごようたし》グッズも多い。

その代表格が、実は水である。

フィジー産のミネラルウォーター「フィジーウォーター」は、ハリウッドセレブやスーパーモデルが注目したことから、アメリカの高級ホテルやレストランでもてはやされるようになった。フィジーウォーターをおいていることが最高級の証とされ、「水のド

ンペリ」のように扱われた時期もある。今やアメリカで一番人気のあるミネラルウォーターである。

注目された最大の理由は、水そのものの性質にある。シリカというミネラルの含有量が突出して多いのだ。シリカは、肌にハリ、髪につやを与え、骨を丈夫にするため骨粗《こつそ》鬆症《しょうしょう》の予防にもなる。水を飲むことで美容と健康に効果があるのだ。

水源はビチレブ島の熱帯雨林。火山岩に濾過《ろか》された地下水であることがシリカが豊富な理由である。

ミネラル豊富な水は硬水で飲みにくいことが多いが、フィジーウォーターは軟水に近い中硬水で飲みやすい。お酒が弱い私は水が好きで、ミネラルウォーターにはこだわるが、フィジーウォーターは好んで選ぶブランドである。

ミネラルウォーターには珍しい四角いボトルは、以前は、ボトルの内側に滝が流れる熱帯雨林の風景が描かれていて、水源地をイメージできるようなデザインだった。

たかがミネラルウォーターのボトルと思うかもしれないが、フィジーの風景が透明な水の向こうに透けて見えるデザインは画期的で、あまりにきれいなのでボトルを持ち帰ったこともある。

サステナビリティに配慮した再生プラスチックボトルになって今のハイビスカスの花のデザインに変わったのだが、このボトルデザインは人気になった理由のひとつだ。フィジーウォーターのブレイクは、フィジーそのもののブランド価値も上げたのではないだろうか。

「ピュア フィジー」というコスメブランドもセレブ御用達として知られている。オーガニックのココナッツを中心に、フィジー産の素材が使われている。ココナッツをたっぷり使ったココナッツシュガースクラブが有名だが、私は南国らしい香りが楽しめる石けんを買うことが多い。ホテルのアメニティにもよく使われている。石けんであれば男女問わず使えるし、お土産にうってつけである。というか、私はフィジーにいくたび、まずは自分用に大人買いしてしまう。

ビチレブ島のホテル選び

宿泊施設のタイプが多岐《たき》にわたるのもフィジーの特徴である。ハリウッドセレブがお忍びで泊まるような最高級の隠れ家ホテルから手頃な料金のホテルまで、お値段の幅が広い。1泊100万円以上から5000円以下まである感じだろうか。

規模的にも何でも揃う大型ホテルから、こぢんまりした小規模ホテルまでよりどりみどり。客室のタイプに幅があるホテルも多く、同じホテルでも予算や人数に応じた選択肢が多い。ひとり旅に居心地のいい宿が見つけやすいのである。

ホテルの選択肢が豊富なフィジーだが、難点はいろいろありすぎて、どう選べばいいか迷うことだろう。

リピーターになれば事情がわかってくるのだが、初めてのフィジー、しかもひとり旅だと選択の基準がわかりにくいかもしれない。

ハワイであれば、ツアーなどは圧倒的にワイキキの滞在が多く、ワイキキの中でホテルがどのエリアに立地するか、海が見える部屋かどうかが主なポイントになる。

だが、フィジーの場合、一般的なツアーで使われるホテルもエリアが広範囲におよぶ。ビチレブ島と離島に大きく分かれるが、ビチレブ島にもリゾートホテルが多いエリアはいくつかある。

まず外資系ブランドのホテルが多く、ロケーション的にも便利なのが、デナラウ地区である。ビチレブ島の西側に連なる離島、ママヌザ諸島とヤサワ諸島に向かう船が発着する港、デナラウ・マリーナがあり、周辺にはショッピングモールやゴルフコースもあり、リゾートライフに必要なものはひととおり揃っている。

私が好きなホテルは、「ザ ウェスティン フィジー ゴルフ リゾート＆スパ」だ。１９８０年代に開業したリージェント・オブ・フィジーというホテルが前身で、フィジーの伝統建築を生かした建物とインテリアがいい。デナラウ地区で最も歴史あるホテルでもある。

私が泊まったときは、週に2回、「ココパームス」という屋外の会場で、先に紹介したロボディナーとメケショー、さらにベンガ島に伝わる火渡りの儀式が行われていた。火渡りの儀式は、地面に穴を掘って石を埋め、その上に木を組んで火をつけることから始まる。そして組んだ木が焼け落ちた後、裸足でゴロゴロした焼け石の上を歩くのである。

男たちは、雄叫びを上げながら石の上を突進していく。日本の修験道《しゅげんどう》など、世界に火渡りの儀式は数多くあるが、たいていは歩くのは焼けた砂の上で、ゴロゴロと不安定な石の上を歩くものはない。

そのぶんフィジーの火渡りは荒々しく、見ている者に足元の熱さが伝わってくるような気がした。夜の庭園の雰囲気も含め、このショーのことは忘れられない。

２０２５年秋以降まで改装中なので、火渡りの儀式が行われていた「ココパームス」を含め、どのように生まれ変わるかは未知数だが、隣接している同じマリオット系列のホテル、「シェラトン デナラウ ヴィラズ」と「シェラトン フィジー ゴルフ&ビーチリゾート」があり、３軒のホテルは施設を共有して利用できる。ひとり旅であれば、料金が一番お手頃なシェラトン フィジーがおすすめだ。

火渡りの儀式では焼けた石の上を裸足で歩く。本当に熱そうで、見ているほうがドキドキしてしまう。

同系列の価格帯が異なるホテルが施設を共有するパターンはリゾートに多いが、ひとり旅の場合は、料金の手頃なホテルに泊まってラグジュアリーな施設を楽しむのが賢い利月方法である。

ビチレブ島で次いでリゾートが多いのがコーラルコーストと呼ばれるエリアだ。ナンディから首都のスバまで続くクイーンズロード沿いの西海岸一帯をさす。ナンディから車で1時間半から2時間くらい。

コーラルコースト沖にはダイビングポイントも多く、ナンディ周辺よりいいビーチがあり、シュノーケリングも楽しめる。

フィジーの村を思わせる広大な敷地を持つホテル、「アウトリガー・フィジー・ビーチ・リゾート」は、部屋タイプも多く、ひとり旅にも向く。週に2回メケショー、週1回ロボディナーと火渡りの儀式を楽しめるのもポイントが高い。火渡りの儀式は、そもそもコーラルコースト沖のベンガ島が発祥なので、このエリアが本場である。

ヴィレッジツアーでカヴァの儀式を体験

コーラルコーストの近くには、シンガトカという国立公園にもなっている砂丘がある。鳥取砂丘と同じくらいの規模感で、それ自体はさほど珍しくもないのだが、砂丘に沿って流れるシンガトカ川をボートでさかのぼって、伝統的な村を訪ねるアクティビティ

「シンガトカ リバーサファリ」はとても楽しかった。

このエリアでは、ボートで川をさかのぼって伝統的な村を訪ねるアクティビティがいくつかある。

このツアーのポイントは、往復ジェットボートで、復路では船長が水上でボートを何度もスピンさせて絶叫マシーンになること。スリリングな乗り物体験と文化体験をあわせて楽しめる。

フィジーでは、前に紹介したように地元の村を訪問する「ヴィレッジツアー」がよくあるが、これもそのひとつである。

「シンガトカ リバーサファリ」のジェットボートは、絶叫マシーンさながらの大迫力だった。

村に到着すると、まずは伝統にならった「カヴァの儀式」が行われる。カヴァとはコショウ科の植物で、鎮静作用がある。興奮作用のあるアルコールとは逆である。その根っこを水に浸して、しぼった汁を飲み交わす。

お椀のような器にカヴァが注がれたら、2回手を叩き「ブラ」と言って一気に飲み干す。その後は3回手を叩き、「ヴィナカ（ありがとう）」と言うのが作法だ。

見た目は泥水のよう。最初は口にするのをためらうが、思い切って飲んでみると、特に味はなく、軽く口の中がしびれるような感覚がある。歯科治療の麻酔に似た感じだが、観光客向けのカヴァは薄めなので、そこまで強く刺激は感じない。

外部の者が村に入るときに必ずカヴァの儀式を行うのは、感情の起伏を抑え、平和的にものごとを進めるためなのだとか。

カヴァを飲む習慣自体は南太平洋全域にあり、同じメラネシアのバヌアツでは、楽しみのためにカヴァを飲む「カヴァバー」に行ったこともある。儀式として根づいているのはフィジーならではだ。ヴィレッジツアーのほか、リゾートで体験できるところも多い。

ママヌザ諸島のマナアイランド

海の美しさならば、デナラウ・マリーナから船が発着するママヌザ諸島とヤサワ諸島が群を抜く。ママヌザ諸島に向かう船はいくつものルートがあって、目的地の島と出発時間にあわせて選ぶ。

1、2時間でアクセスできる島へは、日帰りツアーで参加することもできる。ヤサワ諸島はママヌザよりも遠く、「ヤサワフライヤー」という船が1日に1往復している。日帰りできるのは、片道1時間45分の「ベアフット・クアタ・アイランド・リゾート」だけ。ここでは、シャークシュノーケリングやダイビングができる。

デナラウ地区に滞在して、日替わりで違う島に行ってみるのも楽しいが、海で遊ぶのが目的ならば、どこかの島に滞在するほうがゆっくり楽しめる。8日間の日程ならば、2つの島に滞在するのも面白い。

ママヌザ諸島では、マナ島にあるリゾートホテル、「マナアイランド・リゾート&スパ」に行くことが多い。フィジーの生き字引的な日本人、ヨシさんが経営するダイブショップ、アクアトレックがあるからだ。

体験ダイビングやダイビングのライセンス取得も言葉の心配がなく安心なので、海外ダイビングのデビューはどこがいいかと聞かれると、私は必ずここをすすめる。

だが、私がマナにひかれるのは、何よりもヨシさんが惚《ほ》れ込んだ海があるからだ。

ママヌザ諸島には、ほかにも海がいい島はたくさんあるが、マナの魅力は、島からすぐの距離に多彩なダイビングやシュノーケリングのポイントがあることだとヨシさんは言う。

そのひとつが、スーパーマーケットというダイビングポイントだ。あらゆる種類の魚を見ることができることから命名されたというが、最大の目玉はサメである。アクアトレックの創設者のひとりであった伝説のダイバー、アピにはサメと心をかよわせることができる不思議な能力があった。

そのアピがこのポイントで始めたのが、サメと一緒に泳ぐことのできるダイビングだった。私が初めてマナ島を訪れたとき、すでにアピは亡くなっていたが、ヨシさんから聞いたアピの話は忘れられない。

もうひとつマナ島で忘れられないのは、ひとりのシニアダイバーとの出会いである。彼がダイビングを始めたのは、がんを患い、離婚をした後だと教えてくれた。フィジーのマナ島はひとり旅にも居心地がいいと、ご機嫌だった。

今も「地球滞在もあとわずか（人生残りわずかの意味か）」と記しつつ、元気に世界の海を旅している年賀状をくれる。ひとりリゾート旅には、人生をリセットする力があるのだと思う。

マナ島はかなり大きな島で、島内にはビーチが3つある。ノースビーチ、サウスビーチ、そして夕陽のポイントでもあるサンセットビーチだ。

島の両側にビーチがあることのメリットは、風がどの方角から吹いても、どちらかは波が穏やかであることだ。ノースビーチとサウスビーチはどちらもシュノーケリングポイントで、沖合まで泳ぐとドロップオフ（崖のように急激に水深が深くなる地形）がある。

ひとりで沖合まで泳ぐのが不安であれば、ダイビングサービスではボートを使ったシュノーケリングトリップも行っている。

マナ島のノースビーチ。サウスビーチに比べて人が少なく静か。シュノーケリングポイントでもある。

秘境感あふれるヤサワ諸島

秘境感があって、さらに海がきれいなのがヤサワ諸島だ。私がその名前を初めて知ったのは、1980年代の映画『青い珊瑚礁《さんごしょう》』である。ブルック・シールズが主演した映画と言えば、ある年齢以上の人であれば記憶があるだろう。

その舞台になったのがヤサワ島だった。ヤサワ島はヤサワ諸島の北端にあり、かなり大きな島にもかかわらず、映画の撮影が行われた当時から今にいたるまで、ホテルは「ヤサワ・アイランド・リゾート＆スパ」という高級リゾートが一軒しかない。デナラウ・マリーナから行く「ヤサワフライヤー」も片道5時間かけて到着する最も遠い地点がナキュラ島で、ヤサワ島までは行っていない。ヤサワ島に行くには国内線を使うしかない。

しかも、ここは1泊15万円以上するので、ひとり旅にはハードルが高い。

だが、ヤサワ島ならずとも、ヤサワ諸島には素晴らしい海があるし、リーズナブルな宿もある。そのひとつが最も手前の島にあってデナラウ・マリーナから日帰りも可能なリゾートホテル、ベアフット・クアタ・アイランドなのだが、私が行ってとてもよかったのが、同系列の「ベアフット・マンタ・アイランド・リゾート」だ。

片道2時間50分かかるので日帰りはできないが、そのぶん滞在客だけで海を独占できる。1泊5000円以下で泊まれるドミトリータイプの部屋からあるカジュアルなリゾートで、ビーチフロントのブレ（フィジー語で「家」の意味。戸建てのコテージタイプの客室をフィジーではこう呼ぶ）が3万円台くらい。

リゾートホテルの近くに、毎年4月から10月までの期間にマンタが集結するポイントがあって、シュノーケリングでマンタを見ることができる。

宿のすぐそばにシュノーケリングでマンタが見られる場所があるなんて、世界でも滅多にない。

フィジーには「ラリ」という伝統的な細長い太鼓があって、食事の時間の合図などに使われることが多いのだが、このリゾートホテル、「ベアフット・マンタ・アイランド・リゾート」では、マンタがあらわれると、ラリが鳴り響く。

いつマンタが出没するかわからないから、常にシュノーケリングセットをスタンバイしていなければならない。

私が泊まったのは、マンタシーズンの初めの頃で、残念ながらマンタには会えなかったのだが、周囲の珊瑚礁のシュノーケリングだけでも充分に満足できた。リゾートには海洋保護センターもあって、マンタと珊瑚の若い研究者が在住していた。それぞれの生態を学ぶプログラムもある。

ヤサワ諸島では、もう少しヤサワ島に近いヤンジェータ島にある「ナブツスター・リゾート」にも滞在したことがある。「ベアフット・マンタ・アイランド・リゾート」よりもう少し高級で、1泊4万円くらいから。

ここまでくると、ラグジュアリーな一軒宿、「ヤサワ・アイランド・リゾート&スパ」のあるヤサワ島が近い。

日帰りツアーでヤサワ島の最南端にある「サワイラウ洞窟《どうくつ》」という『青い珊瑚礁』の撮影のロケ地に行った。

映画は少年と少女が無人島に置き去りにされ、自然の中で愛し合うようになるというファンタジーめいたラブストーリーで、ブルック・シールズが演じる主人公の少女が初潮を迎えるシーンがある。その場所がこの洞窟なのだ。

鍾乳石《しょうにゅうせき》の洞窟内には、映画にも登場する天然の水たまりがあり、泳ぐことができる。洞窟は2つあって、2つ目の洞窟に行くには、水中を潜らないと辿りつけない。ひとつ目の洞窟も足の立たない深さだし、なかなかアドベンチャーな体験である。

もうひとつ、ナブツスター・リゾートで忘れられないのは、人生で最高の夕陽を見たことだ。その日は雨が降っていて、夕陽はあきらめて部屋でゴロゴロしていた。でも、何か気になって外を見たところ、雨が止んでいた。

もしかして、と思いビーチに出てみると、空が見たこともないような色に染まっていた。赤とオレンジと、さらに紫をまぜたような不思議な色だった。

神秘的な雰囲気のサワイラウ洞窟。洞窟の底がプールのようになっていて泳ぐことができる。

フィジーは陸上の風景も水中も、なぜかほかの南の島々より色彩がカラフルだ。水中世界がそうなのは、色鮮やかなソフトコーラル（固い石灰岩の骨格を持つハードコーラルが一般に私たちが連想するサンゴだが、柔らかい骨格を持つサンゴをこう呼ぶ）が多いせいだと聞いたことがある。

夕陽も水中世界のカラフルさを思わせる鮮やかな色だった。世界各地を旅して、あちこちで美しい夕陽を見てきたが、あんなドラマチックな色の夕陽に出会ったことはない。

ハネムーナーなのだろうか、若いカップルがやはりビーチで立ち尽くしていた。でも、不思議とこの景色を誰かと共有したいとは思わなかった。

夕陽それ自体があまりにすごくて、誰が隣にいるとかいないとか、考えている間がなかったのである。

ヤサワ諸島で見た夕陽は忘れられない。あまりにきれいで、隣に誰もいないことなんか忘れてしまう。

別れの歌「イサレイ」が心に響く理由がわかった気がした。あの歌を聴きながら、この夕陽のように、美しいフィジーの風景が脳裏によみがえるから、せつない気持ちになるし、また帰ってきたくもなる。極彩色のフィジーの風景がなかったなら、イサレイは魔法の言葉にはならないのかもしれない。

第7章

5万円台以下で楽しむ「おひとりさまホテルステイ」

泊まりたいホテルから目的地を決める

ひとり旅の大きな楽しみが、ひとりで宿に泊まることにある。

非日常の空間を占有し、誰に気を使うこともなく、好きなように過ごす。その開放感と贅沢は、一度味をしめてしまうと癖になり、やめられなくなる。

コロナ禍の頃は、ホテル代も安く、さまざまな割引キャンペーンもあり、「密《みつ》」とは無縁のおひとりさまホテルステイには、空前の追い風だった。

だが、いまやインバウンドブーム。東京、京都、大阪など、外国人に人気の高い都市ではホテル代が爆上がりしている。特に外資系のラグジュアリーホテルは、すっかり高《たか》嶺《ね》の花になってしまった。そんな世の中でも、そこそこの料金（1泊5万円台くらいまでの予算内）で、贅沢な時間が過ごせるホテルを選んでみた。

ホテル代高騰のご時世で、料金をおさえてホテルステイを楽しむためには、いくつかのコツがある。そのひとつが、首都圏や人気観光地から離れることである。だが、やみくもに料金や立地だけで選ぶと失敗する。

外さないポイントは、目的地を先に決めるのではなく、わざわざ泊まるに値するホテルを先にリサーチすることである。

私もそうだが、ホテル好きの人たちは、泊まりたいホテルが先にあって、目的地が決まる、という逆の発想で旅をすることがよくある。

思いがけず行った土地での新しい発見は、ホテルの印象をさらに忘れられないものにする。

ホテルの概念をくつがえした、唯一無二のホテル

群馬県の前橋は、新幹線の停車駅でもなく、県庁所在地として長らく土地の路線価が

日本の最下位に低迷。「シャッター商店街」の実例として、商店街の写真が教科書に登場するほど、一時期は寂《さび》れていた。その前橋にモダンアートがコンセプトのホテルが開業したと聞いたのは、コロナ禍の最中だった。しかも、料理が素晴らしいという。

前橋なんて行ったこともなかったし、行こうと思ったこともなかった（失礼！）。アートと美食なんて、どうにも結びつかなかったのだが、気がつけばリピートし、すっかりお気に入りになってしまったのが、「白井屋《しろいや》ホテル」である。

もともとは江戸時代から続く、前橋を代表する老舗旅館だった。1978年に鉄筋コンクリートの建物に建て替えられ、白井屋ホテルとなった。その後、時代の波にはあらがえず、廃業して、廃墟になっていた。

ホテルの再生は、前橋出身の実業家で、メガネなどを扱うことで知られるＪＩＮＳ《ジンズ》ホールディングスの創業者でありＣＥＯの田中仁《ひとし》が、地元群馬で起業家を育てるプロジェクトにかかわっていたことがきっかけで始動した。

再生を打診された田中は、あらゆる運営会社やコンサルタントに反対されたというが、それでもホテルとしての再生にこだわったのは、自分の泊まりたいと思うホテルが前橋にはなかったからだという。

白井屋ホテルの外観。コンセプチュアルアートの派手な看板は、銀行が並ぶ大通りで異彩を放つ。

新幹線を高崎で下車して両毛線で４つ目の駅が前橋である。微妙に不便だが、東京から日帰りも可能な距離感だ。

駅から歩いて15分くらい、銀行などが建ち並ぶ県庁前通りに面して、鉄筋コンクリートの建物に、あっと驚く原色の看板が掲げられていた。

確かに「白井屋ホテル」とあるが、ホテルとは直接関係ないような英語の文章も躍っている。

コンセプチュアルアート（60年代から70年代に盛んになった前衛芸術運動。オノ・ヨーコの活動もそのひとつだった）の中心的人物、ローレンス・ウィナーの作品だという。ホテルというより、美術館に来たみたいだった。

1階は吹き抜けのラウンジ「ザ・ラウンジ」とレストラン「ザ・レストラン」になっていて、チェックインの時間帯はアフタヌーンティーを楽しむ人たちで賑わっている。

観葉植物が生い茂っていて、リゾートホテルのようだ。

高い天井を見上げると、配管のようなものが見える。白井屋を象徴するレアンドロ・エルリッヒのアート作品「ライティング・パイプ」だ。金沢21世紀美術館の「スイミングプール」で知られるアーティストである。フロントもあるこの建物が旧白井屋ホテルの外観と骨組みを生かした「ヘリテージタワー」である。

建物の半分くらいが吹き抜けになっている。こんな大いなる無駄を普通のホテルはやらない。ホテルが本業ではないＪＩＮＳのオーナーが、エイヤッと理想を実現したからこそ、こんな唯一無二のホテルができたのだろう。アート作品が美術館のように存在感を放つ、この空間こそが白井屋ホテルの魅力である。

裏手の馬場川通りに面した側には、一転して緑豊かな土手が迫る。この土手が新築の客室棟「グリーンタワー」である。ここにバーがある。

この不思議な建築の全体設計を手がけたのが、２０２５年の大阪万博のデザインプロデューサーでもある建築家の藤本壮介だ。

アートと美食と群馬愛

開業は2020年12月、まさにコロナ禍の最中だった。

最初に泊まった「藤本壮介ルーム」の衝撃は忘れられない。「ヘリテージタワー」には、白井屋ホテルを象徴する4つのコンセプトルームがあるが、そのひとつ。真っ白な部屋中に細長い筒状のオブジェがたくさんあって、そこにベンジャミンの枝葉が差してある。前橋市のヴィジョン「めぶく。」がテーマだそう。

シンプルな部屋なのだが、アートの中に迷い込んだ感が半端ない、非日常感あふれる部屋だった。

コンセプトルームはこのほか、「レアンドロ・エルリッヒルーム」、イタリア建築界の巨匠「ミケーレ・デ・ルッキルーム」、イギリスを代表するプロダクトデザイナーの「ジャスパー・モリソンルーム」がある。

吹き抜けに向いた窓がある「ジャスパー・モリソンルーム」は料金が一番高いけれど、白井屋ホテルを象徴する空間を自分の部屋として独り占めできる感覚がたまらない。

次に泊まったのは、料金がお手頃な「グリーンタワー」の客室。コンセプトルームほど強烈な個性はないが、1室ごとに異なるアーティストの作品があって、QRコードの解説もある。小さなテラスもついていて、居心地のよい部屋だった。

面白いのは、美術館さながらのアート空間でありながら、あちこちに群馬愛が満ちていることだ。

客室の備品で目を引いたのは「上毛かるた」。群馬各地の名所が登場する、群馬県民なら誰でも知っているカルタなのだという。

オープンキッチンスタイルのレストランでは、ミシュラン2つ星のフレンチレストラン「フロリレージュ」などで修業をした群馬出身のシェフとソムリエの料理がいただける。フロリレージュは予約が取れないことで有名な超人気店だ。おまかせのディナーコースが1万6500円だが、その価値は充分ある。

海なし県の群馬だが、野菜や肉など、県産食材の豊富さに圧倒される。シーズンごとにメニューは変わるが、群馬名物の麺料理「おきりこみ」をアレンジした一品が必ず登場するのが、なんとも群馬愛である。

飲み物はペアリングが素晴らしい。果物やお茶などを駆使《くし》したアイディアいっぱいのノンアルコールが特に秀逸。お酒を飲む人でも「ＭＩＸ（両方）」で試してみるといい。カウンタースタイルのテーブルは、スタッフやソムリエがつかず離れず話しかけてくれて、ひとりでも手持ち無沙汰にならない。実際、おひとりさまもよく見かける。

ここでしか味わえない、極上の体験

白井屋ホテルの夜は体験したいことがいっぱいある。

月、火、水は事前予約があるときだけ開店で、木、日は休み。金、土だけは席に空きがあれば当日入れるという、秘密めいたバー「the BAR 真茶亭《まっちゃてい》」は、タイミングがあえばぜひ。

現代美術作家の杉本博司と建築家の榊田倫之《さかきだともゆき》によって設立された建築設計事務所「新素材研究所」がデザインした空間は、茶室のようでも、お寿司屋さんのカウンターのようでもある。

そもそもバーとして設計されたわけではなく、このプロジェクトに惚れ込んだ巨匠が、いわば心意気で作ってしまったものなのだとか。

　バーになったのは、たまたま世界の著名なバーで経験を積んだバーテンダーが、妻の故郷である前橋にやって来て、ホテルの開業を知り、ホテルにアプローチしてきたからだという。なんという偶然。白井屋ホテルには、数多《あまた》の才能ある人たちが吸い寄せられるようにやってくる。

夜遅くレアンドロ・エルリッヒの「ライティング・パイプ」に照明が灯る。白井屋ホテルの〝マジカルアワー〟の始まりだ。

　お酒の知識もさることながら、世界を知るプロフェッショナルは、会話の運び方もさすがだった。

　こんなハイレベルのバー、もし東京の都心にあったら、気後れしただろう。でも、前橋にあることで、心の障壁が不思議と溶けて、一流のサービスとカクテルがリラックスして楽しめる。

　バーでゆっくりしていると、「ザ・ラウンジ」の一番いい時間を逃してしまう。午後9時からレアンドロ・エルリッヒの「ライティング・パイプ」に照明が入るのだ。白から始まり、赤、青とさまざまな色に変化する。吹き抜けの空間が、日中とはまったく違う世界観に染まる。夜のシーンを見なければ、このアート作品は完結しない。

私が最初に泊まった頃は、このラウンジでアラカルトスタイルの夕食を提供していたのだが、今は午後5時以降、宿泊者専用のアートラウンジになっている。飲み物やスイーツが自由に楽しめるほか、午後9時からはフレンチアレンジではない、本物の「おきりこみ」が夜食としてふるまわれる。

もうひとつ、二度目に宿泊したときに体験して感動したのがサウナだった。小高い土手のようなグリーンタワーの中腹にあるフィンランドサウナは、最大4名までの貸し切り制。おひとりさまでも同料金で利用できる。

ここが特別なのは、サウナ後に頂上の小屋にあるアート作品を独り占めできること。宮島達男のＬＥＤを使ったインスタレーション（現代美術の表現手法やジャンルのひとつで、空間全体を作品として体験させる芸術）だ。

ここで初めて「ととのう」感覚を知った。

しっかりサウナで汗をかき、勇気を振り絞って水風呂にザブンと入って肩までつかり、ガウンを着てアート小屋に向かい、部屋の真ん中に寝転ぶ。すると、色とりどりのLEDのライトが、降ってくるように見えたのだ。アートに誘われた、軽いトランス状態。そして、ふわりと体が軽くなる。

サウナとアートのコラボレーションもまた、狙ったものではなく、たまたまのことだったのだとか。本当に不思議なホテルである。

「ザ・ベーカリー」のパンもおいしくて、必ずお土産に買って帰る。前橋では超人気店のようで、時間帯によっては行列ができていることも。近くの商店街においしいイタリアンレストランもできたし、お洒落なあんこ専門店もある。

白井屋ホテルと前橋は、行くたびに進化している。

心身が整い、健康になるホテル

おひとりさまホテルステイで、思わず奮発したくなるのがスパのトリートメントだ。

ラグジュアリーホテルにどこも本格的なスパを持っているが、心身共に整えることに特

リラボ メディカル スパ＆ステイの温泉は大浴場のほか、飲み物つきでくつろげる個室温泉もある。

化したホテルを「ウェルネスホテル」と呼ぶ。

たとえば、2024年に開業した「シックスセンシズ京都」は、そのひとつ。とはいえ、1泊15万円以上のお値段は泊まるのに勇気がいる。

もう少しお手頃で、心身のリフレッシュができるウェルネスホテルはないだろうかと思っていたら、なんと青森に、同じく2024年開業のウェルネスホテルを発見した。「ReLabo Medical Spa&Stay（リラボ メディカル スパ＆ステイ）」である。

メディカルスパとあるのは、運営が医療法人だから。海外のウェルネスホテルでは、ドクターが健康チェックをしてくれるところが多いが、ここもドクターが常駐している。だが、病院っぽいホテルでは決してない。青森駅直結のエレベーターをあがると、スタイリッシュな和モダンの内装に出迎えられる。

せっかくの機会だからと、ウエルネスカウンセリングを受けてみた。保健師の国家資格を持つカウンセラーが、機器を使った測定やカウンセリングから健康状態のアドバイスをしてくれる。結果に応じてトリートメントメニューも決められる。

「自律神経／ストレス／血管の健康調査」という機器測定を受けてみた。酸素飽和度を測る機械のようなものに指を入れる。血管年齢は実年齢より若く、体の調節機能は良好、肉体的ストレスは少ないが、精神的ストレスは強いという結果だった。

体の健康や体力維持はいつも気にかけているけれど、精神的ストレスのケアはおろそかだったかも、と気づかされる。

その後に受けた「腸セラピーボディトリートメント」は、一般的なボディトリートメントにお腹のマッサージが加わったもの。フットバスから始まり、終了後にお茶のサービスまでつく内容は、外資系のラグジュアリーホテルスパと変わらない。セラピストの技術も一流で、1時間1万8000円〜は良心的な料金だ。

滞在後もウエルネスカウンセラーからフォローアップの手紙がきて、自律神経を整える呼吸法などのアドバイスがあった。こんな丁寧な対応は初めてだった。

宿泊料金も朝夕食つきで1人2万円台〜。交通費を差し引いても青森まで来る価値がある。

津軽海峡を望む最高の眺めとヘルシーな朝食

洋食がメインの朝食も、ウェルネスホテルならではの気配りがある。野菜やフルーツなど、ヘルシーなものが充実していて、サラダの具材の野菜など、管理栄養士による栄養素のコメントがついている。

アジアの本格的なウェルネスホテルのようだ。作りたてをサービスしてくれるエッグベネディクトもおいしかった。

駅から歩いて10分ほどのところに、新鮮な海産物を選んでどんぶりにする「のっけ丼」を楽しめる市場がある。青森駅周辺ではずせないグルメスポット。健康を意識した朝食とトリートメントで体をケアした後、ランチにのっけ丼で地元のおいしい魚をいただく。このコンビネーションは、青森のウェルネスホテルならではである。

青森駅前のロケーションは便利なだけではない。眺めがまた最高なのだ。海側に面した部屋は、手前に本州最北端の駅のホームと、その先に津軽海峡が見える。石川さゆりの「津軽海峡冬景色」の舞台となった風景だ。

かつては、ここから青函《せいかん》連絡船に乗り換えて北海道に行ったのかと思うと感慨深い。手前に見える青森ベイブリッジが過去と現在をつなぐ架け橋のようだった。

ウォーターフロントエリアは、散歩やランニングが気持ちよく、「青函連絡船メモリアルシップ八甲田丸」や青森の夏祭りで有名なねぶたを通年で見ることができる「ねぶたの家 ワラッセ」といった観光スポットもある。

温泉があるのもウェルネスホテルとしてポイントが高い。おひとりさま向けのこぢんまりした部屋タイプはシャワーのみになるが、温泉大浴場があるので困らない。

駅前の立地は、ここを拠点に県内を観光するのにも使い勝手がよい。紅葉のシーズンには、毎日違うポイントに観光に出かける宿泊客も多いという。

横浜でハワイを感じるラグジュアリーホテル

コスパのよいホテルステイは遠方がいい、とは言うものの、1泊の滞在ではハードル

みなとみらいが一望できるザ・カハラ・ホテル＆リゾート 横浜のロビー。シャンデリアはハワイ王族の王冠の羽をイメージしている。

が高いのも事実。首都圏であれば、狙い目なのが横浜である。横浜はインバウンドの観光客が少ない。そのため、ラグジュアリーホテルでも料金がお手頃なのだ。

その横浜で今、客室の広さやアメニティ、施設の充実度などでランク的にトップだと思うのが、「ザ・カハラ・ホテル＆リゾート 横浜」である。

日本の運営会社だが、実はハワイ発祥のホテルブランド。１９６４年、ワイキキの外れにある高級住宅地、カハラに開業したことから、この名称がある。

ワイキキの名だたる老舗ホテルよりも、滞在した著名人の数は多い。日本人では、皇族やノーベル文学賞受賞作家の川端康成が顧客という格式ある名門ホテルである。

白井屋ホテルと同じく、コロナ禍の最中の２０２０年に開業。当時、ハワイに行けなかったハワイ好きの人たちに注目された。

インテリアにいかにもなハワイ感はないけれど、本家のザ・カハラで名物の朝食メニューやハワイらしいカクテル、季節ごとのイベントなどで、ハワイらしさが楽しめる。コロナ禍の後は円安で、ハワイのハードルは高いままなので、横浜でハワイ気分を楽しめる価値は、今も高い。屋内プールもあるので、水着も持っていくといい。


客室の居心地がよいので、おひとりさまステイの食事はルームサービスを活用したい。こうしたサービスが充実しているのは、ラグジュアリーホテルならでは。日本の運営会社なので和食のレベルも高く、迷うところだが、やはりここでは、ザ・カハラ伝統のシンパンケーキ（クレープのように薄いパンケーキ）やエッグベネディクトのある「ハワイアンブレックファスト」を注文したくなる。

チェックアウト時のお土産には、これもハワイのザ・カハラの名物である「マカデミアナッツチョコレート」をつい買ってしまう。

埠頭のホテルで豪華客船の気分

もうひとつ、横浜らしさのあるラグジュアリーホテルとして、おひとりさまステイに向いているのが、「インターコンチネンタル横浜Pier 8（ピアエイト）」である。

横浜のインターコンチネンタルといえば、ヨットの帆を思わせる外観の「ヨコハマ グランド インターコンチネンタル ホテル」が有名だけれど、同じブランドながら、こちらはこぢんまりした規模の低層ホテル。名前の通り、みなとみらいの新港ふ頭客船ターミナルの8号岸壁にある。

三方を海に囲まれた、浮かぶ客船のようなホテルで、みなとみらいビューの部屋からは、横浜に入港する客船に乗っているような景色が広がる。

インターコンチネンタル横浜Pier 8から見る、みなとみらいの風景。

インテリアも客船をイメージしていて、ここもルームサービスの朝食が気持ちいい。バルコニーはスイートにしかないけれど、船のデッキにいるような感覚が味わえる宿泊者専用のルーフトップがある。

横浜のホテルステイは、単にコスパのよさだけではない、港町ならではの非日常感が楽しめるのもメリットである。

ユニークなアイデアが詰まったホテル

ラグジュアリーホテルの宿泊価格が高騰している都心でも、手頃な料金でユニークな体験ができるホテルブランドもある。そのひとつが星野リゾートのOMO《オモ》だ。

星野リゾートというと、星のやなど、ラグジュアリーなブランドの印象があるが、「テンションあがる『街ナカ』ホテル」をコンセプトとするOMOは、ハードルが高くない。

OMOの後ろにつく数字がサービスの幅をあらわしていて、7が本格的なレストランがあるフルサービスホテル、5になるとカフェのみで、3はさらにベーシックなホテルになる。

おひとりさまホテルステイというと、特にラグジュアリーホテルでは、高い料金を払っているのだから出かけてしまってはもったいない、という意識もあって、おこもりステイになるイメージだが、ＯＭＯでは、ホテルを拠点とした外出が楽しい仕掛けがある。それが「ご近所マップ」と「ＯＭＯレンジャー」と呼ばれる、ホテルスタッフがガイドしてくれる「ご近所ツアー」だ。

東京で４軒目のＯＭＯが開業したと聞き、泊まってみることにした。ＯＭＯはロケーションも銀座とか大手町ではない。１軒目は大塚、２軒目は赤坂、３軒目は浅草、そして４軒目はなんと五反田である。祖母の家が以前、五反田と蒲田を結ぶ東急池上線沿いだったので、ちょっと懐かしい感じもあった。

「ＯＭＯ５東京五反田」のエントランスは複合ビルの14階。ＯＭＯでは、フロントなどのあるロビーに相当するスペースを「ＯＭＯベース」と呼ぶ。天井の高い、スタイリッシュな空間に迎えられる。駅から歩いてきた五反田の街がお洒落な世界観にバージョンアップされる感じがある。

壁に大きな「ご近所マップ」が貼られていて、周辺の飲食店情報がかわいいイラストつきでびっしり。テンションがあがるとは、こういうことなのかなと思う。この階にカフェがあって、チェックインタイムの日中は、ワーキングスペースとして使っている人が多かった。

CMOレンジャーの案内で「五反田ヒルズ」を探索。昭和レトロな雰囲気がたまらない。

予約した部屋はデラックスルーム。ひとりであれば、大きなキングベッドが部屋の真ん中にドンとあってコンパクトなキングルームでもいいけれど、ホテルステイを目的とするのなら、ゆったりしたリビングスペースのあるデラックスルームがいい。

3万円台〜と、都心のラグジュアリーホテルと比べればリーズナブルだ。

大きなピクチャーウインドーに五反田の街並みが広がる。真下に東急池上線の緑色の車両が見えた。五反日からひとつ目の駅、大崎広小路駅がホテルの直下にあるのだ。

都心の高層ホテルからとは少し違った角度の東京は、手前に大きな建物がないので抜けがよく、夜になると、高層ビル群が遠くに煌《きら》めく夜景が美しかった。

ディープな五反田のナイトスポット

五反田は大小さまざまなジャンルの名店がひしめくグルメスポットだという。でも、土地勘がないと、どこに行ったらいいかわからない。ましてひとり旅だと、常連さんの多いような店は入りにくい。ＯＭＯではそのあたりの水先案内をしてくれる。

まずは、開店直後の名店で一品とワンドリンクを楽しめる「ひとさらdeご馳走パス」からスタートする。２０００円程度と料金も手頃だ。パスを持って訪問したのは焼き鳥の名店「とり口《ぐち》」である。

備長炭《びんちょうたん》で焼いた焼き鳥は香ばしくてジューシー。午後5時に開店と同時に入店し、30分もすると、続々と予約客がやってくる。

お店が賑わう前に次のアクティビティへ向かう。ホテルスタッフのＯＭＯレンジャーが案内してくれる「五反田ヒルズツアー」である。

「五反田ヒルズ」とは通称で、本当の名前はリバーライトビル。個性的なスナックやバーがひしめく、きらきらネオンのエントランスが印象的な昭和レトロな飲食店ビルで、「ヒルズ」の名称は常連さんが名づけたものだという。

知る人ぞ知るマニアックなスポットだったのだが、2020年にテレビドラマ『MIU404』のロケが行われ有名になったらしい。

個性的な飲食店の中には一見《いちげん》さんお断りの店もあるし、2年先まで予約が埋まっているという「食堂とだか」のような店もある。

そんな迷宮のような「五反田ヒルズ」を、OMOレンジャーが同行して案内してくれるのだ。料金は飲み物別で1人6000円である。

案内してくれた日本料理店「月。」は、極上マグロや希少なブランド牛といった高級食材を格安で提供してくれる穴場の店である。

五反田ヒルズの空間が醸《かも》し出すキッチュな空気感と、とろけるようなマグロの味のミスマッチが忘れられない、五反田の夜だった。

新世界でディープな大阪を体験

「ＯＭＯ７大阪」にも泊まったことがあるが、ここの「ご近所ツアー」がまた最高に面白かった。新今宮駅前のロケーションは、治安のよくないエリアとされていたことから開業当初は物議を醸した。だが、通天閣のある新世界がすぐ近くという立地は、つまりディープな大阪のど真ん中ということでもある。

ＯＭＯレンジャーが案内してくれる「ほないこか、ツウな新世界さんぽ」は飲食が含まれないので宿泊者であれば参加は無料。強烈に印象的だったのは、ジャンジャン横丁にある「なにわ小町」というヒョウ柄ファッションの専門店だ。大阪のオバチャンと言えばヒョウ柄。だが、こんな専門店があるとは知らなかった。ある意味、ひとりでは絶対に入れない店とも言える。

ひとり旅の行動範囲をぐんと広げてくれるものとしてホテルを活用する、こんなおひとりさまホテルステイもあるのだとＯＭＯは教えてくれた。

おすすめの外資系ライフスタイルホテル

おひとりさまホテルステイでは、コスパや快適性もさることながら、感性を刺激される新しい発見のあるホテルに目がいく。たとえば、歴史あるクラシックホテルもひとつのジャンルだが、私がよくチェックするのがライフスタイルホテルだ。

ライフスタイルホテルの明確な定義はないけれど、デザイン性の高さや個性的なコンセプトなど、宿泊以外の付加価値などが高いホテルのことをさす。

外資系ホテルを例に取るとわかりやすい。ハイアットブランドでは、ハイアット リージェンシー、グランド ハイアット、パーク ハイアットが従来型のホテルブランドであるのに対して、アンダーズ、ハイアット セントリックがライフスタイル型といえる。日本では東京の虎ノ門にあるアンダーズは、高級路線のライフスタイルホテルで、お値段はかなり高い。

狙い目なのはハイアット セントリックだが、こちらもインバウンドブーム以降、かなり値上がりして、東京 銀座は10万円を超えることもある。

そこでおすすめなのが「ハイアット セントリック金沢」である。デザイン的なユニークさ、充実した内容の朝食などは東京 銀座と遜色《そんしょく》なく、時期によっては2万円以下で泊まれる。外資系ホテルこそ、首都圏や京都などを離れることが鉄則かもしれない。

おすすめの日系ライフスタイルホテル

日系のホテルブランドにもライフスタイルホテルはある。ことさらにライフスタイルホテルと称してはいないけれど、その先駆けと言えるのが「庭のホテル 東京」だ。2009年に、ビジネスホテルでもない、シティホテルでもない、どこにもないホテルをめざして「美しいモダンな和」をコンセプトに開業した。当初から、派手ではないけれど、個性的ないいホテルで、おひとりさまホテルステイにちょうどいい使い勝手があった。

神保町、お茶の水に近い水道橋というロケーションも独特で、近くに古書店街や独立系の映画館などがあり、周辺の街歩きも楽しい。

ホテルの名称は、ホテル自体が庭のような存在でありたいという思いに由来するのだが、2022年のリニューアルでこれまで2つあった庭が4つになった。そのひとつに面しているのが宿泊客専用の「リフレッシュラウンジ」だ。

ライブラリーも兼ねたこの空間が特にいい。チェックイン後の午後4時から8時まで、スタッフが専門店とコラボした本格的なドリップコーヒーと緑茶を丁寧に淹《い》れてくれる。

庭のホテル 東京の「リフレッシュラウンジ」。都会の真ん中で庭を見ながらくつろげる。

和のコンセプトを取り入れたデザインは、以前から外国人に人気があったけれど、インバウンドブームを経た今も料金が爆上がりしていないのもありがたい。

大阪にも私の好きな日系ライフスタイルホテルがある。パレスホテルが運営する「ゼンティス大阪」だ。ネーミングもインテリアも和を前面に出した「庭のホテル　東京」とは対照的で、言われなければ外資系かと思う。

やさしい色合いの品がよいインテリアには、どこかイギリスっぽい、と思ったら、インテリアデザインはロンドン拠点の「タラ・バーナード&パートナーズ」だそうで、なるほどと頷ける。

ロビー奥のゲストラウンジも居心地がよいが、特徴的な施設は「Room 001」だ。セルフサービスのランドリーとアイロンコーナー、ライブラリーなどが一体になっている。ランドリーという機能重視の施設がお洒落な空間におさまっているのが新鮮で、こういう感性がいかにもライフスタイルホテルである。

おひとりさまホテルステイであれば、おすすめはリビングスペースがあってバスタブもある「コーナーステュディオ」。料金は1泊3万円くらいから。すぐ近くに外資系、マリオットのライフスタイルホテル「アロフト大阪堂島」があるが、客室は狭くて料金は倍以上。日系ライフスタイルホテルは、やはりコスパがいい。

ホテル2階「アップステアーズ ラウンジ、バー、レストラン」で提供する小鉢料理がたくさん並ぶオリジナルの「和朝食」もよかった。パンも選べる和洋折衷《わようせっちゅう》のスタイルながら、旅館の朝食みたいで日系ホテルらしい。

第8章 ひとり旅の知恵袋

ひとり旅のほうがトラブルに強い

ひとり旅は危険、トラブルがおきても相談する相手がいないから不安、という思い込みがあるとすれば、むしろ逆だと私は思う。

危機管理能力は、ひとり旅のほうが高まる。相手がよほど旅慣れていて、全面的に面倒をみてくれるならまだいいが、旅の遂行能力がたいして変わらない者同士は、緊張感が欠けたり、お互いが危機管理していると思い込み、どちらも何も考えていなかったり、おしゃべりに夢中になって、注意が散漫になったりしてしまうからだ。

私自身の例を思い出してみても、盗難やスリに遭遇したのは、どちらも同行者がいる旅でのことだった。どこかに気の緩みがあったのだろう。

トラブルへの備えから、お得に旅するコツ、より快適に旅するための知恵など、極上のひとり旅に役立つ情報をまとめてみた。しっかり知恵を備えれば、ひとり旅こそ、最強のトラベラーになれる。

まずはトラブルにどう対処するか。

トラベルの語源はトラブルという説がある。前提として、旅にトラブルはつきもの、という心構えが必要だ。それだけで、ショックを受ける時間が削減できる。

ネガティブなリアクションは最小限に留め、次の作戦を考える。特にトラブルの代名詞、交通機関の遅延やキャンセルは、対応のスピードがものを言うからだ。

間違っても、相談する相手がいない、と悲嘆にくれないこと。こういう事態こそ、ひとり旅に圧倒的なアドバンテージがある。代替交通機関は1席だけ確保するほうがはるかに有利だからだ。

苦戦するのは家族やグループ。ひとり旅でラッキーだったと胸をなでおろしたことは何度もある。

交通機関にトラブルはつきもの

交通機関のキャンセルにまつわる思い出は数限りない。

中でも途方にくれたのが、ロンドンのヒースロー空港でのフライトキャンセルだった。航空会社はブリティッシュ・エアウェイズ。区間はロンドンからパリまで。秘境でもマイナー航空会社でもない。つい最近の出来事である。

しかも前夜にきちんとオンラインチェックイン（空港での搭乗手続きをウェブサイトで行うサービス。出発24時間前から搭乗手続きや搭乗券の発行が可能で、チェックインカウンターでの長蛇の列を避けることができる。また、事前に座席の指定などもできる）を済ませていた。

前日、遠方からのフライトで到着、翌日の早朝便だったので、空港近くのホテルで1泊して出発ターミナルに向かった。

出発時間を確認するために電光掲示板を見上げると、なんと、私が乗る便に「キャンセル」と表示してあるではないか。

目を疑った。よく晴れた初夏の朝、嵐や大雪のような気象条件が理由ではない。ストライキでもない。キャンセルなのは、私が乗る予定の便だけなのだ。

さすがの私もしばし、その場でフリーズしてしまった。

私のチケットは、日本航空のマイレージを提携航空会社であるブリティッシュ・エアウェイズの特典航空券として利用したものだった。マイレージは特典航空券に交換できるが、提携航空会社で利用することもできる。

ただし、こういう場合、フライトの振り替えは、発券元の航空会社でしかできない。最悪のパターンである。

ブリティッシュ・エアウェイズで購入したチケットであれば、キャンセルは、運航航空会社に責任があるから、振り替えができる。オンラインでの予約であれば、代替のフライトを自動的に割り振られることが多い。

自分に都合のいいフライトとは限らないので、その場合は交渉することになる。

早速、ブリティッシュ・エアウェイズの次のフライトを検索してみた。目的地のパリでは午後にアポイントがあった。次の便に振り替えられたとしても、予定には間に合わない。

しばし途方にくれた後、私が下した決断は、マイレージでとったフライトは捨てることだった。日本航空の電話窓口は通じにくく、LINEチャットもAIのおきまりフレーズが返ってくるだけで、リアルのスタッフにつながりにくいことは、以前の経験で知っていた。今ここで、そうした交渉に時間を費やすことは得策ではない。

そうだ、パリに行くなら、「ユーロスター」（ドーバー海峡トンネルを走ってイギリスとヨーロッパ大陸を結ぶ高速鉄道）があるではないか。

そのとき、私はユーレイルパス（ヨーロッパ33カ国で一定期間鉄道乗り放題の周遊券）を持っていた。1カ月のうち、自分で決めた7日間だけ利用できるタイプのもので、1日分の余分があった。ユーロスターも特急券を別途購入すれば乗れるはずと算段した。

ユーロスターの発着駅、セント・パンクラス駅に駆け込み、直ちに窓口に並ぶ。駅の電光掲示板とスマホの検索結果を交互に見ながら、希望の列車を見極める。ようやく順番がまわってきて、窓口の駅員にユーレイルパスのアプリを見せると、「ユーレイルパスが使える座席は、今日の列車はすべて売り切れ」とそっけなかった。

でも、ここまで来て、後には引けない。「ユーレイルパスの座席じゃなくてもいい」と言うと、希望の列車に「プレエコノミーの席がひとつだけあるわ」との返事。「それをお願い」と私はクレジットカードを差し出した。

イギリスポンドを甘くみていた私は、後日、請求の金額にギョッとしたのだが、日本航空のマイレージは、帰国後、問い合わせ窓口に電話したところ（つながるまでに時間はかかったが）未使用分として戻って来た。

痛い出費にはなったが、アポイントには間に合ったのだから、この判断はよかったと思っている。マイレージのチケットでなかったら、ユーロスターで行くなんていう英断はできなかっただろう。最悪のパターンが、むしろ結果ＯＫだったのだ。

このトラブルであらためて学んだ教訓は、フライトキャンセルは天候などと関係なく、突然降ってくることがあるということ。さらに、提携航空会社のチケットをマイレージで獲得できるサービスは便利だけれど、トラブルがあると困るということだ。

日本国内では、さすがにこんな突然のキャンセルは聞かないが、台風など気象条件によるキャンセルは、しばしばおこる。

その場合も、とにかく早く行動して、代替便をゲットすることが重要である。遠慮したり、のろのろしている者は後回しにされて、いつまでも乗れなくなる。

キャンセルと言えば、忘れられない体験が、小笠原への定期航路「おがさわら丸」の台風の影響による欠航だ。第3章に書いた通り、6日間の予定が9日間になってしまったのだが、リピーターらしき旅行者の行動ぶりは迅速だった。

欠航が決まっても、誰も動揺しない。夏の小笠原で台風による欠航は「あるある」なのだろう。みな粛々《しゅくしゅく》と足早に客船ターミナルに向かう。言うまでもない、船のチケットを次の便に振り替えるためだ。

私も慌てて、彼らの後に続いた。そして、無事、次の便にチケットを振り替えてほっとしたのだった。

交通機関のキャンセルは、とにかく早く行動するのが鉄則。そのことをあらためて実感した出来事だった。驚いたり、嘆いたりしている場合ではないのだ。

ちなみに、小笠原では、ロンドンとパリのような代替交通手段は一切ない。

フライトのキャンセルや遅延は、同じ航空会社であれば、乗り継ぎ便に間に合わなくても責任をもってくれる。だが、異なる航空会社への乗り継ぎは、何のフォローもないので覚えておきたい。

国内であれ海外であれ、異なる航空会社同士の乗り継ぎは、かなり時間の余裕をみていないと心配なのである。ただし、運航航空会社は違っても、コードシェア（2社以上の航空会社が飛行機を共同運航する際に、ひとつの便に複数の航空会社の便名がつけられること）で同じ航空会社の便名があれば大丈夫だ。

旅のトラブルではピンチがチャンスになることも

先にふれたヨーロッパ旅行では、悪夢に見舞われたようにフライトキャンセルが相次いだ。

往復の国際線もブリティッシュ・エアウェイズだったのだが、帰国便がまた当日の朝、突然のキャンセルになった。前回と同じく、オンラインチェックインしたにもかかわらずである。

まだよかったのは、ブリティッシュ・エアウェイズで購入していたチケットだったので、空港に行く前にメールで連絡があったことだ。

さすがに二度目となると、またか、の心境である。同じく、よく晴れた朝で、気象条件が理由ではなかった。

私はパリからロンドンで乗り継いで、羽田行きのフライトに乗る予定だった。キャンセルになったのは、羽田便のほうだ。オンラインで示された代替フライト（キャンセルになったフライトの代わりに予約が割り当てられる）は、提携航空会社である日本航空のパリ－羽田直行便になっている。

あれ。これって、むしろラッキーではないか。

国際線はプレミアムエコノミーを予約していたのだが、同じプレミアムエコノミーでも日本航空のパリ便は、ブリティッシュ・エアウェイズよりはるかに高い。とうてい手が出なかったフライトである。

乗り継ぎがないぶん、出発時間も遅くなる。出発は夜なので、遊べる時間ができたということだ。すぐに頭を切り替えた。

このときも空港近くのホテルに泊まっていた。と言っても、シャルル・ド・ゴール空港に隣接するホテルはあまりに高くて、さらに北に位置するホテルだった。つまり、パリはかなり遠い。ここでパリに往復するのは馬鹿げている。

検索すると、シャンティイ城という、由緒《ゆいしょ》あるお城が近くにあるではないか。

館内は、ルーブル美術館に次ぐ規模のコレクションを有する美術館になっていて、ベルサイユ宮殿と同じ造園家が手がけた美しい庭園が広がり、ヨーロッパ最大級の大厩舎《だいきゅうしゃ》があって、騎馬ショーの見学もできる。

クレームシャンティイ（泡立てた甘い生クリーム）の発祥地でもあり、敷地内のカフェやレストランで堪能できる。これぞフランス、という文化にふれ、本場のクレームシャンティイを味わい、最高の半日だった。

シャルル・ド・ゴール空港で、想定外の時間ができたら、ここは絶対におすすめだ。パリから遠いのと、ベルサイユ宮殿などと比較すると知名度は低いので、こんなトラブルがなければ、行くことはなかっただろう。

フライトキャンセルも悪くない、と思った旅のフィナーレだった。

旅のトラブルは、うまく立ち回れば、棚ぼたの幸運にも化けるのである。

ネット環境の確保はマスト

海外でこうしたトラブルに遭遇した場合、迅速に行動するため、絶対になくてはならないものがある。スマホのネット環境を確保するためのツールだ。

トラブルに限らず、今どきの旅行において、ネット環境はマストである。

もちろん空港やホテルには、たいてい無料 Wi-Fi があるが、街中がすべてフォローされるわけではないし、セキュリティの心配もある。できれば、カードを使った決済などは行わないほうが安心だ。

ネット環境の確保には大きく分けて3つの方法がある。

まず Wi-Fi ルーターを空港で借りること。かさばるのが欠点だが、おすすめは、ルーターと充電器が一体になったコンパクト設計の WiFiBOX である。メリットは、1台で複数のデバイスに対応可能であること。ひとり旅だと関係ないと思うかもしれないが、PCを持参する場合には便利だ。

料金は国によって異なるが、1日あたりの容量が1GBプランで690円から2090円くらい。無制限だと同じく990円から2690円くらいだ。

次がローミングサービスである。通信事業者同士が提携することで、契約している通信事業者のサービス提供エリア外でも、提携先の事業者の回線を利用して通信サービスを利用できる仕組みのこと。海外旅行の場合、国際ローミングとも呼ばれる。一昔前は高額なイメージがあったが、事前予約を利用すれば、Wi-Fiルーターとほとんど料金は変わらない。一番お手軽な方法と言える。

最近、急速に普及しているのが現地対応のｅＳＩＭを使う方法だ。ＳＩＭフリーのスマホであれば、現地の通信会社に対応したＳＩＭに入れ替えて通信することができる。以前からあった方法だが、ＳＩＭはカードが主流だった時代は、入れ替えた小さなカードの保管が悩みのタネだった。ｅＳＩＭの登場で、物理的なカードの入れ替えは不要になり、急速に普及するようになった。

現在は多くのスマホ（iphoneの場合でＸＲ／ＸＳ以降）がｅＳＩＭに対応するようになっている。

契約する通信会社を変えるということは、紐づいている電話番号も変わることになる。この点も不便だったのだが、これも最近は、２回線を同時使用できるデュアルＳＩＭが主流（iphoneの場合は13以降に対応）になっている。

ｅＳＩＭは現地の空港で到着してから入手することもできるが、事前にオンラインで購入することも可能。世界各地に対応するHolafly、Trifaなどが便利だ。

購入すると、ＱＲコードが送られてくるので、出発前にネット環境があるところで読み込んでおき、現地に到着してから、読み込んでおいた機能を有効にする。

最初は難しそうに感じるが、スマホで操作する手間としては、ローミングの事前予約とさほど変わらない。

私も以前はWi-Fiルーター派だった。コロナ禍後、WiFiBOXが登場してからは、充電器と一体になった便利さもあり愛用していた。

だが、アフリカなどで、通じにくいことが多く、今はｅＳＩＭ派にシフトしつつある。

事前予約の国際ローミングサービスは、乗り継ぎの都市で短期間の滞在の場合などに使うことが多い。

欧米やアジアの大都市を巡る旅であれば、どの方法であっても通信状況に優劣はない。使い勝手や料金を比較すればいい。

だが、マイナーな国の田舎や離島に行くと、ｅＳＩＭが一番スムーズにつながる気がする。

ひとり旅でネット環境が必要な、もうひとつの理由

いつでもネットにつながっていたい理由として、ＳＮＳの発信もある。

ひとり旅は感動を共有できないと言うけれど、今はＳＮＳを通せば、多くの人と感動が共有できる時代。ＳＮＳを通して、友人から旅先の情報をもらったり、知り合いが同じ場所にいてびっくり、思わぬ出会いにつながるなんていうハプニングもある。旅の最中、気持ちが盛り上がっているタイミングで自分が書き込んだコメントは、旅の記録にもなる。昔は旅先から絵葉書を出したものだが、その現代版がＳＮＳなのだと思う。

もうひとつ、海外でネット環境を常に確保しておきたい理由のひとつとして、Uberなどのシェアライドの利用があげられる。

日本では（政治的な理由で）普及していないので、利用を不安視する人がいるが、実はドライバーの評価が厳しいため、むしろ従来のタクシーより安心だ。

目的地の入力、料金の事前確認、決済までアプリ上でできるため、とにかく便利で、

言葉の心配もない。どこでも呼ぶことができ、到着時間もわかる。料金も比較的安く、今や旅には欠かせないツールである。もちろん私もよく利用している。

ドバイのUberは、ほとんどがレクサスの車両で、とても快適だったし、タイのバンコクでは、ライドシェアの導入で、タクシーのぼったくりがなくなったとも言われる。

欧米ではUberが主流、アジアではGrabが一般的で、どちらも使い方はほぼ同じだ。事前にアプリをダウンロードして、クレジットカードを紐づけておくといい。そのほか地域によって、独自の会社もある。

海外旅行でのカードの使い分け方

キャッシュレス全盛の今、クレジットカードも必要不可欠なアイテムである。特に海外旅行では、なくてはならないものだ。

私は基本的に国内メインのカードと海外メインのカードは分けている。海外での利用におけるリスクを最小限にするためだ。

セキュリティが厳しめのカードに安心だが、逆に海外ではすぐにセキュリティがかかり、使えなくなることもある。

たとえば、楽天カードがそう。私が国内メインにしている理由だ。マイナーな国に行くときは、カード会社に日程と行き先を伝え、セキュリティを調整してもらうこともある。その上で、万が一に備え、複数のカードを持つ。紛失時に備え、すぐにカードが止められるよう、カードの緊急連絡先も控えておくといい。

さらに最近便利に使っているのが、ソニー銀行の海外対応デビットカードだ。預金口座から直接引き落とされるデビットカードは、紐づけた口座に必要額だけ入れておくようにすれば、セキュリティ的にも安心だし、使いすぎも防げる。

キャッシュレスが進んでいる国では、私は現金代わりに使っている。ATMから現金をおろすときも私はもっぱらこのカードを使う。外貨貯金があれば、その通貨が流通する国では、そこから引き落とされる。

コロナ禍以降はキャッシュレスが進み、その国のリアル通貨を持つことなく旅を終えることも珍しくなくなった。それだけに、カード決済が重要になっている。

セキュリティや利用限度以前に、海外ではカード会社のブランドによって使えないこともあるので注意が必要だ。ちなみに、世界どこでも問題なく使えるブランドは、ＶＩ

SAとMASTERである。

海外に行ったら、お金以上に大切なのがパスポートだ。

街歩きのときなどは、ホテルのセーフティボックスに入れることが多い。万が一の紛失に備えて、以前はパスポートのコピーを持ち歩いていたものだが、今は画像をスマホとPCに取り込んでいるので、紙のコピーは持ち歩かなくなった。

顔写真のページくらいは紙のコピーを持っていたほうが安心だが、同じく画像も用意している。

最近は何事もオンラインである。入国のビザ申請や入国カードも紙に書くことはめったになくなった。そうした申請の際、パスポートの画像は持っておくと重宝する。

旅行保険について知っておきたいこと

もうひとつ、海外に行くときに重要なのが海外旅行保険である。

クレジットカードに付帯しているならOKと思っている人も多いだろうが、カードの種類によって、自動付帯（カードを持っているだけで保険対象）と利用付帯（旅行代金をカードで決済していることが条件）があるので事前にチェックしたほうがいい。

さらに利用付帯には、募集型企画旅行、いわゆるツアーでないと適用されず、航空券だけや宿泊料金だけの場合は対象外というケースもあるので注意したい。

ちなみに私は、海外旅行保険は必ず別途で入っていく。自動付帯でもクレジットカードの保険は治療費用や救援者費用の補償額が低いからだ。

海外の医療費は、想像を絶するほど高いことがある。以前、ハワイで夫がビーチでボディボードをしていて、高波にのまれ、体をしたたかに打ったことがあった。宿に戻ってから痛みが酷《ひど》くなり、救急車を呼んだ。

レントゲンを撮って、打ち身だろうということになり、湿布薬をもらった。もちろん海外旅行保険に入っていたからまったく支払わずにすんだが、救急車の費用だけで日本円で100万円はかかった。

カード付帯の治療補償額は200万円程度のものが多い。打ち身と湿布薬でもこれだけするのだから、深刻な事故や病気だった場合、いくらかかるかわからない。補償額は少なくともゼロがひとつ多くなければ心配だ。

クレジットカードの付帯保険を活用したい場合は、必要額だけオーダーメイドで追加することもできる。

私がよく使うのは、アフリカなど辺境地に行く場合は、料金は高いけれど補償額が手厚いＡＩＧ損保、一般的な観光地や都市の場合は、料金が安くリピーター割引のあるＨＩＳ系のエイチ・エス損保。

いずれもオンラインで加入すると安い。保険料は行き先と日数、補償額で異なるが、１週間程度のハワイやヨーロッパ、アジアならば２０００円台から３０００円台が目安だ。

ちなみに新型コロナウイルス感染症が二類相当で、入国時にＰＣＲ検査が必要だった頃は、海外旅行保険でもコロナ対応の有無が問われたが、五類になった今は、コロナ感染も一般の「疾病」として扱われている。

実際に保険請求する場合、よくあるのが携行品の破損や盗難だろう。私も何度かお世話になったことがある。これもいくつか注意点がある。

盗難は警察に届けて事故証明をもらわないと保険適用にならない。またスーツケースなどの破損も、現物の写真を撮らずに処分してしまうと対象外になる。

キャンセル保険は入るべきか

ところで、フライトキャンセルや遅延があっても、保険に入っていれば大丈夫と思っている人はいないだろうか。

確かに海外旅行保険には、「航空機遅延」という特約があって、追加できることが多い。だが、補償金額はたいてい1、2万円。手厚いプランでも5万円くらいだ。遅延によって生じる滞在費や身の回り品を買う費用を補塡《ほてん》するもので、逃したフライトの航空券代を出してくれるわけではない。

先にあげたように、フライトの遅延は航空会社の責任だからだ。特約に入っていれば、異なる航空会社同士の乗り継ぎに失敗してもチケット代が戻ってくる、というわけではないのである。

さらに、緊急事態があって自分で旅行をキャンセルした場合は、通常の旅行保険ではカバーしてくれない。「航空機遅延」のような特約はなく、必要であれば、別途キャンセル保険に入る必要がある。

ただし一部の旅行保険には「旅行変更費用補償」という特約はある。キャンセルのほか、途中で旅行を中断した場合の費用も補塡されるが、病気が理由の場合は、本人については3日以上、同行者や家族は14日以上入院した場合となり、適用基準は厳しい。キャンセル保険は、保険対象になる旅行金額に応じて保険額が決まる。目安は旅行金額の12％くらい。小さな子どものいるファミリーにはおすすめだが、ひとり旅の場合は、よほど事情があるケース以外は微妙なところだ。

予約のタイミングはいつがいいか

ホテルとフライトの予約は、旅のコスパと満足度を左右する。その鉄則は、ひとり旅でも変わりない。いや、ひとり部屋で宿泊料金がかさみがちなぶん、より重要だ。

予約の大原則は、早いほどお得であるということ。

仕事や家庭の事情などを考えると、キャンセルとの兼ね合いで難しいところではあるが、旅の予定は早く決めるにこしたことはない。

ホテルもフライトも、今はダイナミックプライシングという混雑状況に応じた値づけをしているので、予約が埋まってくると料金が上がるのだ。ホテルの場合は、直前に部屋が余っていると安くなることもあるが、あえてその料金を狙って直前に予約をしたりはしない。希望のホテルがとれなかったり、割高になるリスクが大きいからだ。

繁忙期を除外したいのも同じ理由。ゴールデンウイークや年末年始は、早めの予約でも料金は高い。日本人の休暇は同じ時期に集中するので、日本発のフライト、日本国内の宿は特にその傾向が強い。

また海外の場合は、思わぬ時期が繁忙期になるので注意。たとえば、旧正月やイースターなどだ。最近はインバウンドの旅行者が多いので、国内旅行でも思わぬ時期に混雑することがある。

新幹線などの日本の鉄道は、これまでダイナミックプライシングが導入されていなかったが、最近、適用されるようになってきた。

東海道、山陽、九州新幹線をカバーするスマートＥＸ、ＪＲ東日本のえきねっとなどのオンラインアプリを使って閑散期や空いた時間帯を選ぶと、お得な料金も見つかる。

ヨーロッパの鉄道を利用する場合は、ユーレイルパスが便利。使い勝手がいいのは、

1カ月のうち、任意の日数が使えるフレキシタイプのパス。4日間からあり、短い旅行や、一部だけ鉄道旅をする場合にちょうどいい。

ロンドンでフライトキャンセルに遭遇したとき、私が持っていたパスだ。

高速列車の座席予約は別途必要で、料金も発生する。ただし、私がそうだったように、ユーロスターに当日乗りたいなんていう場合は売り切れていることが多いので注意。

デジタル化の対応は、日本のJRよりよほど進んでいて、アプリをアクティベイトすれば、すべてスマホ上で決済や操作は完結する。列車が遅延したときも、多言語で情報を見ることができるので安心だ。

ホテルはどこで予約するのがお得なのか

ひとり旅の要《かなめ》となるホテルの予約は、国内外を問わず大きく分けて3つの方法がある。

まずはJTBやHISといったリアルの旅行会社。今はどこもオンラインサイトを持っているが、店舗がある旅行会社という意味である。

次に直接予約。今どき電話で予約をする人は少ないだろうが、オンラインでは自社サイイトを通した予約が当てはまる。

そして最近の主流であるOTA（オンライン・トラベル・エージェント）だ。日系サイトでは、じゃらんや楽天トラベル、一休など、外資系では、Booking.comやExpediaなど。オンラインのみで店舗のない旅行会社の総称である。これらを比較してお得な料金を教えてくれるのが、テレビコマーシャルでおなじみのトリバゴである。

どれが一番お得になるかは、どの時期にどのホテルに泊まるかによって変わる。プランによってキャンセルの条件、朝食の有無など、細かい条件も異なるので、額面だけの安さにつられないほうがいい。

私は旅行会社で予約することはめったにないが、直接予約とOTAは状況によって使い分けている。たとえば、自社サイトが最安値なのは星野リゾート。「ベストレート保証」という制度を導入していて、予約後24時間以内に自社サイトより安い料金があった場合は、同料金に変更してくれる。

会員登録して宿泊するとポイントが加算されるロイヤリティ・プログラムがあるホテルチェーンも多い。私が利用しているのは外資系ではMarriott Bonvoy、Hilton Honorsなど、日系では東急ホテルズコンフォートメンバーズなどだ。

東急は、早朝便に便利なので羽田空港に直結した「羽田エクセルホテル東急」を利用したのが加入のきっかけだった。Mariott Bonvoy は世界最大のホテルチェーンで、マリオットだけでなく、ザ・リッツ・カールトン、シェラトン、ウェスティンなど30以上のブランドを網羅している。ポイントがたまるロイヤリティ・プログラムの加入はどこも無料なので、とりあえず入っておくのがおすすめだ。

ＯＴＡで私が最もよく利用するのは、Booking.com である。海外に行く機会が多いので、世界中の宿をくまなく網羅しているのが最大の理由。ポイントはないけれど、利用頻度に応じて、Genius というステイタスがあり、私は最高ランクの Genius 3 を獲得しているので、料金が最大20％くらい割安になる。

ランクがあがってから特に Booking.com で予約することが多くなった気がする。と言っても、Booking.com 一辺倒でもなく、自社サイトとも比較し、同じ料金だったら自社サイトを選ぶ。

ホテルはＯＴＡに手数料を払っているので、同じ料金であれば、自社サイトの客のほうが収益が高い。そのため、どのホテルも自社サイトからの予約を増やしたいと思っている。

そうした裏事情を知っているだけに、ホテル側の気持ちになってしまうのだが、客室のアップグレードなど、プラスアルファのサービスの対象になる可能性も大きいので、泊まる側にもメリットがある。

国内旅行では日系のＯＴＡも使う。高級なホテルや旅館に特化した一休は、国内で高品質な宿を探すときは信頼度が高く、写真や情報量が多いのが魅力。利用に応じてポイントも加算され、還元率も高い。

じゃらんや楽天トラベルを使うこともある。どこが安くなるかは、行き先のホテルや時期によって変わるのでなんとも言えない。

２０２３年10月に Booking.com のシステムトラブルがおきたとき、さかんに外資系のＯＴＡは心配という報道がされた。予約した宿が存在しなかった例などが紹介されたが、こんなトラブルは極めてまれなこと。私は一度も遭遇したことはない。

強いて違いを探すとすれば、民泊を対象としない（旅館業法で許認可をとっている民泊はＯＫ）じゃらんや楽天トラベルなどの日系ＯＴＡと異なり、Booking.com は民泊まで広く網羅している点があげられる。だが、個人が営む小さな宿こそ良心的で快適なことも多い。

ホテルを予約するときに知っておきたいこと

ＯＴＡ全盛の今、ホテルが販売する客室の在庫は、たいてい自社で販売するものと、ＯＴＡで販売するものを区別している。たくさん自社で販売したい宿は、ＯＴＡに客室の在庫を出さないことがある。自社サイトの予約カレンダーが全部満室表示になっていても、本当に満室ではなく、別のサイトに行くと客室が予約できるケースがあるのだ。

客室在庫のからくりを知っていると、満室であっても諦めなくなる。

２０２１年に無観客で開催された東京オリンピック。どこかで大会の雰囲気を感じたいと模索していた私は、開閉会式の行われる国立競技場の目の前にホテルがあり、そこであれば、競技場の花火などが見える事実を知った。

そのホテルとは、「三井ガーデンホテル神宮外苑の杜プレミア」である。

早速、閉会式の夜に泊まれないかと検索してみた。当然ながら満室。でも、きっとどこかに部屋があるはずと、あらゆるサイトを探し回った。すると、大手日系旅行会社のホテルサイトに１室だけ空室があったのだ。

閉会式当日、周辺は警備がとても厳しかったが、同ホテルの宿泊者には特別パスが発行された。そして、国立競技場の花火を間近で見ることができたのだった。同じホテルの宿泊者には、閉会式のチケットを持っていたという人もいた。どうにも諦めきれなかったのだろう。東京2020の忘れがたい思い出である。

海外では、探し回ったあげくに部屋を発見したOTAが知らないサイトだったということもある。アメリカ中西部の国立公園を巡ったときのことだ。なんとしてでも泊まりたいホテルがあった。

見知らぬOTAで最後の1室を予約して泊まった「The View Hotel」。この絶景に出会い、諦めなくてよかったと思った。

ナバホ族の居留地であるモニュメントバレーにある絶景ホテル「The View Hotel」である。その名の通り、モニュメントバレーが眼前に迫る、唯一無二の眺めを誇る宿。アメリカでは超人気ホテルである。

3カ月以上前に探したにもかかわらずすべて満室。諦めきれずに検索すると、聞いたことのないサイトに1室だけ部屋が見つかった。

私は恐る恐る予約決済をした。泊まる当日まで、正直かなり心配だった。

だが、部屋はちゃんと予約されていた。バルコニーの目の前に広がる絶景は、まさに「Ｗｏｗ」のひと言。忘れられないホテルのひとつである。

中米コスタリカでも国内線のフライトがどうしても自社サイトで決済できずに困ったことがあった。マイナーな海外の航空会社は日本のカードのセキュリティがかかることが多いのだ。そのため、同じく名もなきＯＴＡサイトで予約したこともある。このときもかなり心配だった。だが、予約はちゃんと取れていた。いずれもＯＴＡをあまり疑うものではないと思ったエピソードだ。

ホテルの予約をするときのコツ

星の数ほどある中からどうやって快適な宿を選ぶのか。

前提として、Booking.comの評価であれば、８・０を目安にする。あくまでも目安なので、７・９や７・８だったら許容範囲だが、７・４あたりで候補からはずす感じだろうか。

口コミはある程度は読むけれど、私はそれほど参考にしない。朝食の評価とか、個人的に気になるところをチェックするくらい。基準点の8・0を超えていれば、悪い口コミは無視することが多い。

平均点が高い場合の悪い口コミは、重箱の隅をつつくような指摘とか、たまたまの事例であることが多いからだ。

個々の口コミよりも全体的な評価を見る。さらに基準点を超えていれば、その先は、必ずしも評価点で判断はしない。

その上で、確認するのはロケーションだ。特に都市のひとり旅では、滞在中にどこへ行くのか、食事はどうするかといったことも総合的に考えて探す。夜遅くに治安の悪いところを歩く、なんていうことは絶対にさけたいからだ。

もっとも予算との兼ね合いで譲歩することもある。空港近くのホテルを探す場合に多い。空港直結がいいに決まっているが、そうしたホテルはたいてい不当に高い。

先にあげた羽田エクセルホテル東急もコロナ禍の頃はよく利用したが、最近はすっかり高くなってしまった。

空港からの距離、送迎シャトルがあるか（運行時間や頻度も含め）などを確認しながら、範囲を広げていく。空港近くはロケーションだけが売りのダメダメなホテルの多発地帯でもあるから、慎重に見極める。ローカルでもいいのでチェーンホテルのほうが、大きく外さないことが多い。

次に部屋のスペックをチェックする。広さや設備などだ。地域や価格帯によっては、エアコンやドライヤー、冷蔵庫などの有無を確認する。こうした情報は、自社サイトよりＯＴＡのほうが詳しく掲載されている。

２０２４年のパリ五輪で選手村にエアコンがないと話題になったが、ヨーロッパではエアコンのないホテルは今も当たり前にある。

近年の気候の温暖化は容赦ないから、夏のホテル選びでは注意したいところだ。私はバスタブにはこだわらないのでスルーなのだが、海外はもちろん、最近は国内でも外資系ホテルではバスタブなしが増えているので、気になる人は要チェックである。

料金の詳細もきちんと確認しておきたい。朝食の有無、税金やサービス料が別になっていないか、そして、最も重要なのがキャンセルの条件だ。一番安い料金は、事前払いで返金不可のことが多い。

返金不可の料金設定は、実は海外のホテルに限ったことではない。最近は日本のホテルでも導入しているところが少なくない。一休で「返金不可プラン特集」（もちろん日本のホテル対象で）を見たこともある。

もちろん、だからこそ安いので、納得の上で選ぶのはありだ。

私は、前に紹介したキャンセル保険は使わないが、そのかわり、多少高くても直前までキャンセル無料のプランを選ぶことが多い。

予算と基準点、ロケーションで絞り込み、部屋のスペックもOKとなったら、最後は写真を見ながら、勘というか好みというか、好奇心のアンテナが立つところに決定する。ひとり旅がいいのは、誰に遠慮もなく、最後は自分の好みで選べることだ。

私にとっては、ひとりで泊まるホテルを探すときほど、楽しいことはない。まさに、ひとり旅でよかったと思う瞬間だ。宿泊先を探すうちに、旅の輪郭が見えてくる。ここに泊まって、ひとりで何をしようと考えるだけで、わくわくする。

私は、ひとり旅のときこそ、目新しいホテルを探すタイプ。つまり、あまり定宿は持たないのだが、検索していてアンテナが立ったホテルが同じチェーンだったことからリピーターになったケースはある。

たとえば、パリで17軒を展開するAstotel《アストテル》。いずれもパリに多い老朽化した中級ホテルを改装しているため、ロケーションがよく、コンセプトのある、スタイリッシュで可愛いインテリアが目を引く。

デザイン性が高いリージョナルチェーン（特定の国や地域でホテルを展開するチェーンのこと）としては、ロンドンとニューヨークに展開するFirmdale《ファームデール》 Hotels《ホテルズ》も大好きだが、こちらは料金がお高め。

一方、Astotelはオフシーズンであれば100ユーロ以下から部屋がみつかる。ラウンジでの無料ソフトドリンクサービスがあるのもありがたい。宿泊客であれば、ドリンクサービスは、どこのAstotelでも利用可能。

パリ市内のあちこちに無料で休憩できるラウンジがあるようなもので、とても便利である。

Astotelのラウンジ。パリ市内に17軒のホテルがあり、宿泊客はどのホテルのラウンジでもドリンクサービスを利用できる。

フライトの予約で知っておきたいこと

フライトの予約も方法はホテルと同じ。リアルの旅行会社を使うか、航空会社のサイトで直接、購入するか。もしくは、ＯＴＡで購入するかである。

ホテルと同じで、どの方法がお得になるかはケースバイケースだ。

私は航空会社のサイトで予約することが多い。なるべく早く計画を立て、セールや早割をうまく利用するのがコツだ。料金がかなり安いとか、条件がいい場合はＯＴＡも使う。

料金に差が出るのは、予約の方法よりも、利用する航空会社と、乗り継ぎか直行便かの違いのほうが大きい。

安さを求めるのならＬＣＣ（ローコストキャリア）である。国内では、ジェットスターやピーチアビエーションなど。料金が割高な離島便などでは使い勝手がいい。

ただし、注意点がいくつかある。

まず基本料金には、預け入れ荷物、機内食、アメニティ（毛布など）が含まれていない。必要であれば、別途購入する必要がある。

次にシートピッチ（座席間隔）は狭く、窮屈であること。同じエコノミークラスでも、航空会社によってシートピッチは異なり、たとえば、ＪＡＬやＡＮＡの国際線だと84〜86センチメートル、平均値で79センチメートルくらい。それに対して、ＬＣＣだと70〜74センチメートル前後が多い。ただし、ＪＡＬ系のジップエアなど、フルサービスキャリア並みのシートピッチを売りにするＬＣＣもあるので、航空会社のサイトなどをチェックするといい。

最近はＬＣＣも数が増えて、個性が際立ってきた感がある。

ほかに注意したいのは、国内線で成田発が多いなど、発着空港が必ずしも便利でないこと。成田空港のＬＣＣが発着する第３ターミナルは、ＪＲ・京成電鉄の空港第２ビル駅が最寄り駅で、改札口から徒歩で10分以上かかるので注意したい。

海外の都市だと、聞いたこともないマイナー空港が拠点のこともある。

その上で、個人的におすすめなのは、ＬＣＣのビジネスクラスである。通常のビジネスクラスには手が届かないけれど、ゆったり旅したいときの選択肢としてありだ。

たとえば、先にあげたジップエアのビジネスクラスの座席はフルフラット（背もたれを水平に倒せる座席のこと。ベッドと同じなので快適に眠れる）だ。

シンガポールやバンコクであれば、10万円台からビジネスクラスに乗れる。

もうひとつ、安いフライトにありがちなのは、時間のかかる乗り継ぎ便であること。乗り継ぎ便しかない目的地なら仕方ないが、そうでなければ、直行便がラクで便利。旅慣れていない場合はなおさらである。

乗り継ぎの場合、預け入れ荷物がスルーバゲージ（最終目的地まで預けた荷物を運んでくれるサービス）になるかどうかは注意したい。

異なる航空会社への乗り継ぎでも可能な場合もあれば、アメリカのように、同じ航空会社でも国際線から国内線への乗り継ぎは、いったん荷物を受け取り、預け直す必要があることも（セキュリティの問題らしい）。

同じ航空会社であっても、乗り継ぎのチケットを別の予約番号で別途購入した場合は、異なる航空会社への乗り継ぎと同じルールが適用になるので注意したい。

乗り継ぎ時の預け入れ荷物については、基本的にチェックインカウンターで案内してくれるが、スルーバゲージかどうかは必ず自分から確認したい。

ロストバゲージ（預け入れ荷物が行方不明になるトラブル）を防ぐためにも、常に荷物タグが最終目的地になっているかを確認する癖はつけるといい。

スルーバゲージであっても、搭乗券が出ないというパターンもある。コードシェア便からコードシェア便に乗り継ぐ場合などだ。その場合は、乗り継ぎ空港のカウンターで、搭乗券をもらうことになる。

ストップオーバーで訪れたドーハのカタール国立博物館。

乗り継ぐフライトに荷物が積み込まれているかどうか、乗り継ぎ空港で荷物タグの番号をコンピューター上で確認してもらうことも大切である。

一方、乗り継ぎを逆手にとって、旅を2倍楽しむ方法もある。あえて翌日の便にして、乗り継ぎ都市で1泊する、いわゆるストップオーバーだ。

カタール航空やエミレーツ航空など、航空会社によっては、お得なストップオーバープランを販売しているところもあり、私はよく利用する。

ドーハもドバイもUberで簡単に移動ができるし、国際都市なので食事の選択肢も豊富。あっと驚く建築のミュージアムやエキゾティックなスーク（市場、中東ではスークと呼ぶのが一般的）など、短時間でも充分に満喫できる。

ちなみにカタール航空は、なんと燃油サーチャージがない。エアラインとしてもおすすめである。

フライトで快適な座席を確保するコツ

さらにエアラインの予約で重要なのが事前の座席指定である。ビジネスクラスや短距離の国内線であれば、さほど気にしなくてもいいが、国際線のエコノミークラスでは、どの座席をゲットできるかが快適さを左右する。

航空会社によって、予約方法や料金プランによって、また座席タイプによって、事前予約できるか、座席指定が無料か有料かの条件も異なるので、ここもチェックポイントである。国内線はＪＡＬやＡＮＡであれば、どの料金プランでも無料で座席指定ができるが、ＬＣＣでは最も安い料金プランだと有料になる。

どの座席がいいかは好みと議論が分かれるところだが、私は中央列の通路側を選ぶことが多い。トイレに立つのに気兼ねがなく、また中央列であれば、両側に通路側席があるので、中央席の人がトイレに立つときに起こされる確率も低くなる。

バルクヘッド席（壁のすぐ前の席）は足元が広いのが利点だが、離着陸のときに荷物を全部収納しなければならないのがストレスなので、あまり好きではない。

非常口に近い座席も足元が広いが、緊急時には援助の義務があり、外国のエアラインでは英語でコミュニケーションできるかどうかも条件なので注意したい。

ひとり旅で、運よく隣が空席、あるいは1列占拠できたときの喜びは何ものにも代えがたい。これは多分に運に左右されるのだが、チェックインのときに「隣が空席になる可能性が高い席」をリクエストして、首尾よくゲットできたこともある。

最近は、有料で隣の席を購入できるプランを用意している航空会社もある。

航空会社によっては、直前に入札スタイルで、ビジネスクラスが販売されることもある。表示された枠の中で自分で料金を決めて入札する。

競争相手が少なければ、破格の料金でビジネスクラスに乗れることもある。入札できなければ、クレジットカードで支払った料金は返金される。

事前座席予約ができなくても（海外のエアラインは有料の場合が多い。また前に説明したコードシェア便の場合はできないことが多い)、オンラインチェックインできる場合は、そこでいい座席がとれることもある。

事前に座席予約していても、チェックイン時には再確認する。なぜなら思わぬ幸運が転がり込むことがあるからだ。

羽田－ドーハ線のJAL便をカタール航空のコードシェアで予約したときのこと。オンラインチェックインを試みると、エコノミーのチケットなのに、なぜかプレミアムエコノミーの席が指定できることがあった。私はドキドキしながら事前予約の席からプレエコの席に変更した。プレエコの席があるのに、料金プラン的にはプレエコの設定がなかったのだろう。まさに棚ぼたの幸運である。

旅行用バッグは何がいいのか

旅に何を持っていくか。

よく、旅慣れた人ほど荷物が少なくなると言われるけれど、少なくなる派と多くなる派がいると思う。なぜなら、私は、まさに後者にあてはまるからだ。旅を重ねるたびに、あれも持っていきたい、これもあったほうがいいと考えてしまう。

こういうタイプは私だけかと思っていたが、友人の女性フォトグラファーにも同じタイプがいて、そう珍しいことではないと気づかされた。

旅する機会が多いと、旅が日常になる。非日常であれば、多少不便でもいいかもしれない。だが、日常だと、普段使っているもの、あると快適なものが旅先でもほしくなる。その結果、ついつい家を背負って歩くヤドカリさんになってしまうのだ。

そうは言っても、ファーストクラスで旅をするわけではないから、ヤドカリ同様、持って歩ける範囲。持っていくものは慎重に選択する。

基本となるスーツケースは、私はフレームタイプ（ハードタイプ）を愛用している。ファスナー式（ソフトタイプ）より重くなるが、頑丈で防犯上も安全だ。雨に濡れても水が染み込む心配もない。最近は、ファスナー式が主流だし、そのほうが軽いので、旅のスタイルや好みで選ぶといい。

私の場合は、いろいろ使ってみて、バーマスというドイツのブランドに行き着いた。検索すると関連で「ダサい」というワードが出てくる。デザインより機能性、お洒落さより頑丈さが勝るブランドだ。

そういう質実剛健なイメージも気に入っている。両開きで、仕切りがついているのも、私には使いやすい。

サイズは、1週間以上の旅には88L、1週間未満のときは54Lを使っている。国内の2、3泊には、ファブリック製で軽量な機内持ち込みできるタイプを使う。これは、海外のアウトレットでたまたま買ったものだ。

機内持ち込みには、パタゴニアの28Lのバックパック、そしてショルダーバッグが基本。ポータブルなエコバッグも必ず持っていく。

ショルダーバッグは軽くてポケット多めなものがいい。そうなると、やはり定番はレスポワール。アニエスベーボヤージュも軽くて使いやすいデザインが多いのでよく使う。

ごく最近、友人の紹介で手に入れて、手放せなくなってしまったのが、エクルレというブランドの超軽量の防水素材でできたサコッシュだ。軽さと機能性を究極まで追求するトレイルランナー向けに開発されたもの。スマホと必要最小限のお金やカード、ティッシュやハンカチ、ホテルの鍵だけ入れるのに超便利だ。

朝食に行くとき、ちょっとした散歩、なるべく手ぶらでいたいアクティビティなど、ショルダーバッグは煩わしいけれど、スマホだけ手に持つのはどうも、というときにちょうどいい。サブバッグとして、すっかり旅に欠かせないアイテムになった。

旅の方法や技術と同じく、旅のギアも日進月歩。このサコッシュがそうであるように、新しいものがあれば飛びつくし、いまだに試行錯誤している。

バックパックには、ＰＣとカメラ（ミラーレス一眼と交換レンズ2本）、カメラの電池と充電器、スマホの充電器とモバイルバッテリー、マルチタイプの変換プラグ、洗面道具や基礎化粧品を入れたポーチ、メイク用品を入れたポーチ、常備薬を入れた袋は必ず入れる。機内の温度変化に備えてパーカーなどの羽織りもの、機内で履くスリッパも。

最近は小型の水筒も持ち歩く。環境への配慮からペットボトルの代わりにガラス瓶の水やウオーターサーバーをおくホテルが増えているからだ。ペットボトルを買って使い回すより、保温できる水筒は何かと便利である。

ロングフライトの場合は、状況によって下着一式。ロストバゲージに備えてでもあるが、乗り継ぎ空港で、シャワーを浴びる機会があるときのことも考えるからだ。ビジネスクラスはめったに乗れないが、世界各地の空港でラウンジが使えるプライオリティパス（世界各地の空港ラウンジが利用できるサービス。ゴールドなど、上級グレードのクレジットカードには付帯している場合が多い。ラウンジ利用が有料になるか無料になるかは入会時のプランによる）を持っているので、リフレッシュのため、時間があればラウンジを利用する。

昔は本を持参したものだが、今は読みたい本はキンドルにダウンロードしていく。『地球の歩き方』などのガイドブックもキンドル版やアプリ版がある。ダウンロードしておけば、ネット環境がなくても読むことができる。

同じく昔は小型の辞書や会話本を持っていったものだが、そうした情報も今はネットやアプリで簡単に手に入る。翻訳アプリや通訳アプリも優秀なものがたくさんあるから、必要に応じて活用するといい。

旅の服装にも工夫がいる！

旅の服装はどうするか。

季節や行き先で変わってくるが、軽くてかさばらず、温度調節ができ、できれば速乾性の素材だといい。特にアウトドアのアクティビティでは、速乾性の素材はマストだ。

ジーンズやサマーセーターのようにじっとり水を含んでしまう素材は、重いだけでなく、体が冷えるデメリットもある。アウトドアでNGの理由だ。

私が愛用しているのはパタゴニアの薄手長袖シャツ。袖はまくりあげて留められるスナップがあり、半袖にもできる。お気に入りの青いチェック柄は、Facebookの投稿で「いつものですね」と指摘されるくらい、旅でよく着ている。

パタゴニアのようなアウトドアブランドに限らず、速乾性の素材はユニクロなどでもたくさん販売されている。洗濯表示でチェックできるので確認してほしい。Tシャツも綿ではなく、こうした素材のほうが汗をかいてもベタベタせず、洗濯後の乾きも早い。軽量なのもポイントが高い。私はボトムス類もなるべく速乾素材を選ぶようにしている。

アウトドアの基本である重ね着も、旅のウエアに応用できる。

私が活用しているのは、まずユニクロのUVパーカー（これも速乾）。海外で遭遇する日本人の着用率がメチャ高い。旅行には便利なんだと思う。ユニフォームみたいで嫌だなと思いつつ、機能性にすぐれているのでつい着てしまう。

そして同じくユニクロのウルトラライトダウンとダウンベスト。メインのアウターではなく、温度調節の重ね着に使う。

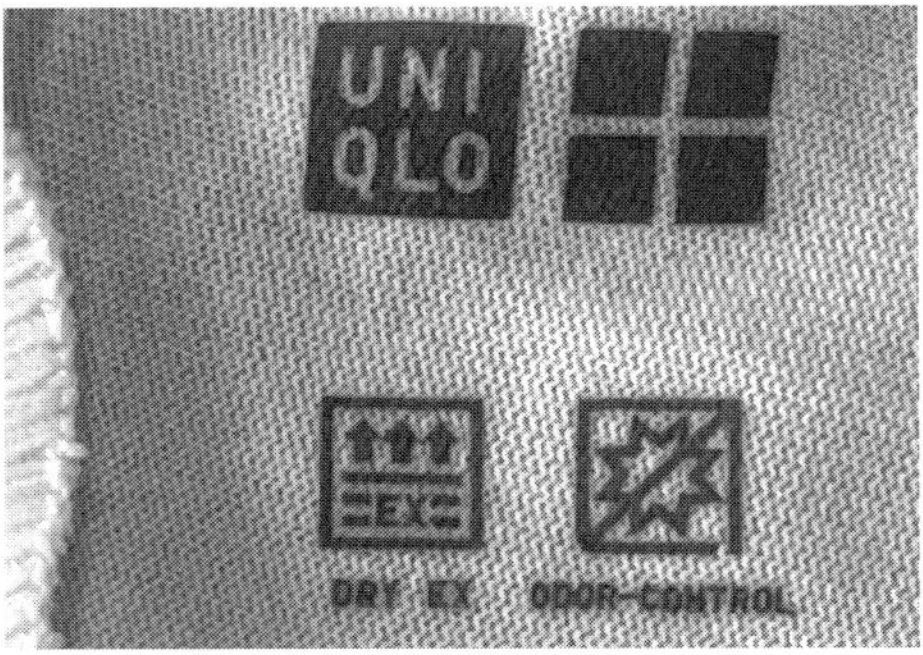

ランニングなどで愛用しているユニクロのTシャツ。左下のマークが「速乾性」のマーク。

温度調節をまめにすることは、風邪の予防など健康管理にもつながる。特に逃げ場のない機内は注意。私の経験上、外資系エアラインの空調室温は低め、日系エアラインは高めの傾向にある。タヒチに向かう機内で震え上がったり、冬の北海道に行く機内で厚いセーターのせいで大汗をかいたこともある。

私は冷え性ではなく、どちらかと言えば暑がりだが（日系航空会社の暑さ対策は冷え性の方は必要ないだろう）、それでも長距離のフライトに乗るときは、夏でも靴下を履くようにしている。特に注意したいのが、真夏に南の島行きの国際線に乗るときだ。沖縄行きの国内線に乗る気分で、半袖に素足で搭乗すると、震え上がることがある。

最近は地球温暖化のせいで異常気象が多発していて、世界のどこに行っても一般的な平均気温があてにならない。現地の気温は、必ず直前に天気予報でチェックする。猛暑ばかりでなく、北米の国立公園で9月に雪が降ったこともある。

とはいえ、機能一辺倒では、気分があがらない。

特にラグジュアリーホテルに泊まる場合、いいレストランに行くときなどは、それなりにお洒落に見える服装も用意する。

最近、ドレスコードは世界的にカジュアル化の傾向にあるが、その場の雰囲気を壊さない服装は、いいサービスを受けるためにも必要だ。気分があがらない服装でいると、引け目を感じてしまい、態度にもあらわれがち。ひとり旅ではよくないパターンだ。

特にリゾートでは、夕方にシャワーを浴びて着替えることにしている。ワンピースは着慣れないという人は、チュニックやワイドパンツを選ぶといい。アクセサリーや巻物をうまくアレンジすれば、充分お洒落に見える。

ちなみに、リゾートウエアは旅先で購入することが多い。海外で購入する場合のポイントは、少し高くても、日本でも着られる品質やデザインを選ぶこと。

たとえば、ベトナムで本格的なアオザイ（ベトナムの民族衣装）をオーダーする（私も一度やった）のは、あるある体験なのだが、現地で写真を撮るぶんにはいいが、日本に帰国したらまず着ない。アオザイ風ブラウスなどにしておくほうが無難だ。

現地でもそれなりのブランドだと、デザインも洗練されていて長く着ることができる。

旅先で購入してお気に入りになったブランドもある。

たとえば、南太平洋のクック諸島の国民的ブランドのTAV Pacific。毎回、オリンピックではクック諸島のユニフォームにも採用されている。イギリスのキャサリン妃が着用したことでも話題になった。オンラインショップもあるので日本から購入することもできる。

南国らしい色鮮やかな伝統的な手法のハンドプリントが特徴で、ストレッチ素材なのも着やすい。ワンピースで2万円台〜とお値段もまあまあ。南太平洋でTAVを着ていたら、現地の人からも一目おかれること、間違いなしだ。

インナーウエアや靴はどうするか

下着は古くなったものを持っていき、帰りに捨てるという人もいるが、私は旅の頻度が多いので、そのたびに捨てていては下着がなくなってしまう。旅の終わりにチェックして、へたっていれば捨てることもあるが、あえてヨレヨレは選ばない。

寝間着は、国内でも持参する派。浴衣ははだけてしまうし、パジャマ系でも着心地が必ずしも好みとは限らない。ロングタイプでパンツがついていないタイプは特に好きではないので、部屋にあるのを着用する場合も、持参したパジャマの下をあわせる。

洗面道具や化粧品も、私は海外を前提に用意しているポーチを国内でもそのまま持っていく。日本の宿でもアメニティ類は削減の方向にあるので、持っていかない派も事前にチェックしたほうがいい。

悩ましいのが靴の選択である。

アウトドアのアクティビティが中心になる旅では、ロウカットのトレッキングシューズを基本にしている。トレッキングをする人であればわかると思うが、シューズには、足首をしっかり固定するハイカットと、通常のスニーカーに近いロウカット、その中間のミドルカットがある。もちろん本格的なトレッキングであれば、ハイカットやミドルカットがいいのだが、幅広い場面で履くのであればロウカットがいい。

今使っているブランドはメリベルで、足にフィットするようインソールを入れている。都市がメインであれば、長年リピートしているエコのレザースニーカーにすることが多い。シンプルで歩きやすく、色違いで持っている。

このほか、少しお洒落をしたいときのために、たいていもう1足、サンダルかフラットシューズを持っていく。この1足を何にするかは悩むポイントである。

このほか、ホテルの部屋やビーチなどで履くために軽いプラスチック素材のビルケンシュトック（ドイツのブランド）のサンダルも持参する。

そのほかに持っていくと便利なもの

旅の必需品としては、そのほかに水着だろうか。プールのほか、サウナで必要なこともある。国内の場合は宿泊先の設備を見て決めるが、海外の場合はとりあえず持っていくことが多い。必要に応じて、スパッツやラッシュガードもプラスする。

洗濯もまめにするので、手洗いでも手が荒れない旅行用洗剤を必ず持っていく。ドクターベックマンのトラベルウォッシュという商品だ。

長期の旅行だと、途中で1回くらい、洗濯乾燥機のあるホテルを探す。日本とアメリカのリーズナブルな価格帯のホテルには、館内に設置されていることが多いが、ヨーロッパは少ない。

狙い目なのは、民泊タイプの宿やシタディーン（フランス発祥のアパートメントタイプの部屋を揃えたホテルブランド。日本国内でも展開している）のようなアパートメントタイプのホテルである。

ホテルのクリーニングの利用は、料金次第。ヨーロッパのラグジュアリーホテルは、目の玉が飛び出るほど高いが、素晴らしく美しいラッピングで部屋に届けられる。アフリカのサファリロッジでは料金に含まれていることが多く、アジアは一部の大都市を除くと、比較的料金が安いことが多い。

暑い国、もしくは夏の旅行では虫除《むしよ》けスプレーも欠かせない。ヨーロッパでも北の果て、北欧のラップランドなどは夏に虫が大量発生するので侮れない。機内持ち込みのできるノンガスのスプレータイプが使いやすいと思う。私は、持ち運びやすい小さなサイズを2つ持っていく。

さらに日焼け止め。季節や行き先にもよるが、これも必需品のひとつだ。虫除けスプレーと同じく、持ち運びやすい小さなサイズを2つ持つことが多い。うっかり日焼けしてしまったときはアロエジェルがいい。

小さなサイズを2つ持つのは、持ち運びやすいだけでなく、なくしてしまったときの予備という意味合いもある。虫刺され薬などもそう。なくすと困るものは、かさばらないものであれば、2つに分けて持つほうが安心だ。

カメラのバッテリー充電器も、長期の海外旅行で、行き先が都市でない場合（大都市であれば、いざとなれば現地で購入できる）は予備を持っていく。

このほか、歯磨きと歯ブラシも必ず持っていく。国内であれば、たいてい用意されているが、最近はサステナビリティの視点から部屋におかないホテルも増えてきた。海外では、ないほうが当たり前だ。

特に歯ブラシは、海外のものは大きすぎる傾向にあり使いにくい。使い慣れたサイズのものがあると安心である。

爪切りは常備薬袋に入れておく。長期の場合は特に必要になる。

あとは折りたたみ傘だろうか。私は日傘はあまり使わないが、晴雨兼用であれば、幅広く使える。小ささ、軽さを重視しすぎると、壊れやすく、熱帯の豪雨には向かない。私は紆余曲折《うよきょくせつ》の末、ある程度、丈夫なものを選ぶようになった。

エコバッグだけでなく、ビニール袋も必要だ。私はジッパーで閉じられるタイプと、スーパーの袋タイプをサイズ違いで持っていく。これもサステナビリティの視点から、国によっては簡単に手に入らなくなった。

国際線のフライトでは、化粧水などの液体も100ml以下の容器であれば、ジッパーつきの透明な袋（20センチメートル四方以内）に入れて持ち込むことができる。容量さえルールを守れば容器の材質は問われないが、瓶のままの化粧水はかさばるし、破損の恐れもあるので、小さめのプラスチック容器に移し替えている。

常備薬は何を持っていくか

常備薬は、体調に応じて個人差があると思うが、風邪薬と胃腸薬、鎮痛解熱剤《げねつざい》はあったほうがいい。私はこのほか、痒《かゆ》み止め、下痢止め、便秘薬、バンドエイド、皮膚科で処方してもらっている抗生物質の軟膏《なんこう》「ゲンタシン」も持っていく。

この軟膏は、パプアニューギニアで、最近日本でも話題になった「人食いバクテリア」に罹患《りかん》してから持ち歩くようになった。もちろん、軟膏を塗っていれば大丈夫というものではないが、切り傷や虫刺され後の化膿《かのう》は防げる。

下痢止めも通常は正露丸《せいろがん》（匂いがきつくない糖衣錠《とういじょう》を愛用）などだけだが、アフリカなど感染症が多いところに行くときは、抗生物質の下痢止めも医者に処方してもらう。

とはいえ、これが必要になるケースは、実はめったにない。

旅行中の下痢の多くは、食生活の変化によるものが多い。熱帯を旅していて多いのは、果物の食べすぎやスパイスを多用した食事が慣れないケースである。

それから目薬と湿布薬も。

目薬は、紫外線でダメージを受けたとき用（紫外線対策用の目薬は薬局で購入できる）のものを持っていくことが多い。サングラスも必ず持参する。

日焼けというと肌ばかり気にする人が多いが、紫外線の強いところでは充血などの目のダメージも気になる。紫外線を直接目に受けるのは、充血などの急性症状だけでなく、全般に目の健康にもよくないという話を聞いて、40代以降は特に気にするようになった。

湿布薬は、軽い打ち身や捻挫《ねんざ》、腰が痛くなったなどの応急処置用である。

このほか喉《のど》の保護のため、イギリスでたまたま入手して以来、愛用しているのが、A.Vogel の Echinaforce という喉スプレーだ。エキネセアというハーブのエキスで、風邪の引き始めに噴霧するとよく効く。日本では売っていないので、イギリスに行ったときにまとめ買いするか、個人輸入している。

行き先によって、下痢止めのほか、炎症止めの抗生物質の飲み薬を処方してもらうことも。これだけ万全にしていると、ひとり旅はもちろん、同行者を救ったことも何度となくある。

処方薬は、かかりつけ医のほか、トラベルクリニックと呼ばれる医院を利用する手もある。私がときどき使うのは、品川駅直結の「品川イーストクリニック」だ。「トラベルクリニック」で検索すると、ヒットすると思う。

国内であれば、まずは健康保険証を忘れずに携帯すること。あとは、たいていどこでもドラッグストアがあるし、病院もある。こんなに準備する必要はないが、離島に行くときなどは、薬は持っていくほうが安心だ。

旅だけでなく、人生においても「備えあれば憂《うれ》いなし」である。

＊　＊　＊

最後まで読んでくださって、本当にありがとうございます。

本書を読み終えて、「さて、ひとりで、どこに行こうかな?」と思ってもらえたら、著者として、とても光栄です。

〈著者プロフィール〉
山口由美（やまぐち・ゆみ）
1962年神奈川県箱根町生まれ。慶應義塾大学法学部法律学科卒業。海外旅行とホテルの業界誌紙のフリーランス記者を経て作家活動に入る。旅とホテルを主なテーマにノンフィクション、紀行、エッセイ、評論など幅広い分野で執筆している。2012年、『ユージン・スミス 水俣に捧げた写真家の1100日』で小学館ノンフィクション大賞受賞。主な著書に『アマン伝説 創業者エイドリアン・ゼッカとリゾート革命』『百年の品格 クラシックホテルの歩き方』『クラシックホテルが語る昭和史』『旅する理由』などがある。

極上のひとり旅

2025年4月5日　第1刷発行

著　者　山口由美
発行人　見城 徹
編集人　福島広司
編集者　四本恭子

GENTOSHA

発行所　株式会社 幻冬舎
〒151-0051　東京都渋谷区千駄ヶ谷4-9-7
電話　03(5411)6211(編集)
03(5411)6222(営業)
公式HP：https://www.gentosha.co.jp/
印刷・製本所　株式会社 光邦

検印廃止

Printed in Japan
ISBN978-4-344-04420-3　C0095

この本に関するご意見・ご感想は、
下記アンケートフォームからお寄せください。
https://www.gentosha.co.jp/e/